《道德经》
妙解、导读与分享

郭永进 于树泉 著

拨云见日，勘破天地智慧
深入浅出，揭示亘古真理

中国青年出版社

图书在版编目（CIP）数据

《道德经》妙解、导读与分享：拨云见日，勘破天地智慧；

深入浅出，揭示亘古真理 / 郭永进, 于树泉著

— 北京：中国青年出版社，2018.8

ISBN 978-7-5153-5140-7

Ⅰ.①道… Ⅱ.①郭… ②于… Ⅲ.①阅读课 – 中小学 – 课外读物 Ⅳ.①G634.333

中国版本图书馆CIP数据核字（2018）第116817号

《道德经》妙解、导读与分享：

拨云见日，勘破天地智慧；深入浅出，揭示亘古真理

作　　者：郭永进　于树泉

责任编辑：周　红

美术编辑：杜雨萃

出　　版：中国青年出版社

发　　行：北京中青文文化传媒有限公司

电　　话：010-65518035/65516873

公司网址：www.cyb.com.cn

购书网址：zqwts.tmall.com　www.diyijie.com

印　　刷：三河市文通印刷包装有限公司

版　　次：2018年8月第1版

印　　次：2018年8月第1次印刷

开　　本：787×1092　1/16

字　　数：170千字

印　　张：15

书　　号：ISBN 978-7-5153-5140-7

定　　价：49.00元

序 言

老子就在身边

读老子，仿佛他是个不食人间烟火的存在——遗世独立，神乎其神，恍然若存，飘然若仙。有时转念一想：这也难怪，就算大成至圣的孔子，不也是用神龙见首不见尾来形容老子吗？

渐渐地，眼前的老子就不一样了。原来，老子并非高不可攀、深不可测、杳不可知，并非高居云端、远离尘俗、冷眼避世。在洞彻天地万物的大道后，他那满怀慈悲大爱与睿智非凡的目光，深情地掠过大千世界的芸芸众生，无边旷野。从蝉鸣蛙唱到泉涌浪飞，从清风白云到星光闪烁，都在他的视线之内。在虚极静笃之中，他回眸远古，凝视未来，登高望远，识真见卓。人类的命运、万物的前途，一概系于心中——这是一位何等慈悲为怀而又大智大慧的千古圣哲啊！

千百年来，被称为哲学"三大终极问题"的"我是谁""我从哪里来""我要到哪里去"一直困扰着人们。老子的"道"的发现，让困惑人类的"三大哲学终极问题"有了充满智慧的答案："我"是天地之子；"我"为天地所化育，自天地而来；最终也将

回归天地而去。不仅"我"是如此，包括天地在内的万物皆然，统统来自于"无"，也就是"道"，是道之"子"，最终，也将回归于"道"。"道"的发现，如同一道闪电，劈开暗夜，照彻苍穹。不禁感叹，若天不生老子，则万古暗如磐。

自然界储量丰富的宝藏不计其数，但是，再多的物质宝藏也是有限的，挖一点就少一点，不可再生，最终难免油尽灯枯。老子这座智慧宝藏则不然，2500多年来，不计其数的政治家、科学家、军事家、哲学家、企业家、教育家从中觅到了至宝，从而成就了大业。然而，老子这座"大象无形，大方无隅"的宝藏非但没有减少分毫，而且"既以为人己愈有，既以与人己愈多"，取之不尽，用之不竭。正如尼采所说：《道德经》就是一眼汩汩喷涌的智慧井泉，垂下汲桶，唾手可得。当一桶桶的智慧被世人汲走后，老子这口智慧井泉之水却一滴未少，永不枯竭。

在老子那里，"道"不是玄想，不是臆断，不是预测，而是天地万物的本真与本然，是世界的本来面目。因此，老子不仅在大自然的花开花谢、涛走云飞中，而且在古往今来的纷纭世态、百变人生中——老子一直在我们身边。

从范蠡与张良的功成名就、全身而退，到文种与韩信的功高贾祸、斧钺加身，人们会想起老子的"功成弗居，是以不去"；从赵襄主学御的"三易马而三后"，到佝偻承蜩的"百发百中"，人们会想起老子的"清静为天下正"；从"神射手"后羿的意外失手，到"常羊学射"故事中的"不知所射"，人们还会想到老子"身心合一"的诸多告诫

古往今来，忙于"物质的奔走征逐，而丧失了性灵光辉"（罗

曼·罗兰语）的人很多，清代大贪官和珅便是"甚爱必大费，多藏必厚亡"的铁证。反过来，战国宰相公孙仪拒礼不收，则是"知止可以不殆"的范例。孙思邈一生不恋功名，惟以仁善为务，矢志不移专研医药，因而"药王"美名千古流传。这是"后其身而身先，外其身而身存"的最好诠释。从一人一事，到一个民族一个国家，老子无时不在，无处不在。

现如今，在这个人心浮躁、物欲熏天的繁华世界里，保持内心的宁静越来越成为一种稀缺的品质。

人生在很多时候像一座磨坊，或一座加油站，周围空气中飘浮着很多粉尘、挥发性气体等易燃易爆危险物。有时稍不小心，一个小小的火种就可能引发毁灭性的爆炸。这种"火种"在现实中有很多，但最常见、导致最多严重后果的就是"浮躁"。

浮躁可以说是人的一种"心魔"，有时只需被无意中产生的不良情绪稍稍碰撞、摩擦一下，就会点燃。

倘若不能及时扑灭这危险的火苗，任其肆意在心头躁动，那么，最终它们轻则引爆一个"小房间"——你我人生中不太重要的一个部分，重则炸毁整座"建筑"——整个人生。

如何转躁为静、化险为夷呢？老子给出的对治方法是"静为躁君"。老子分明看到，是"静"在主宰着"浮躁"，"静"是对治"浮躁"的妙招。一个人如果静下来，浮躁的心就会臣服，进而深观天地万物的变化，去法天则地，便可获得智慧。

老子之后，"静为躁君"的智慧世代流传。她在诸葛亮的字字珠玑的《诫子书》中，在王阳明的人生妙诀"心不动"中，在白居易、苏东坡的"心安"诗句中，在医圣张仲景的"以静为主"中，

在药王孙思邈的《千金要方》中，在苏轼的《养生说》中，在南宋白玉蟾的"和合四象"中，在梭罗的《瓦尔登湖》中，在考门夫人的"唯有安静最具影响力"中。

范仲淹的"先忧后乐"里，有老子；郑板桥的"一枝一叶总关情"里，有老子；老一辈革命家有口皆碑的俭朴个人生活里，有老子。老子在"绿水青山就是金山银山"的追求里，在"天得一以清、地得一以宁"歌声里，在"人类命运共同体"的理念里，还在爱因斯坦的重大科学发现里。

"合抱之木，生于毫末；九层之台，起于累土；千里之行，始于足下。"这是一条普适的真理，一个人的学习、工作、事业是这样，学习《道德经》的过程也是如此。有老子在身边陪伴，点滴积累，随时体悟，将有助于收获美好的人生。

本书的"导读""分享"部分，由宁波、于天协助撰写；"诵读"部分由于习"数易其稿"精心录制。谨此致谢。

郭永进　于树泉

2018年仲夏　北京

目 录

第一章
道为天地万物之总源头

道可道，非常道；名可名，非常名。

无，名天地之始；有，名万物之母。

故常无，欲以观其妙；常有，欲以观其徼（jiào）。

此两者，同出而异名，同谓之玄。玄之又玄，众妙之门。

妙解

"道"是宇宙本体，是演化一切万有的总源头。有关道的语言、文字、名相都只是对道的抽象叙述。抽象叙述的语言名相不会等同宇宙恒常存在的道。

"名"是指从宇宙本体演化出来的一切万有，包括日月星辰、植物、动物。万物本来没有名称，为了沟通、方便区分，人类给万物命名、贴标签。所有的命名、名词、名相都只是虚设的标签。名称、标签只是个代号，并不等同万物本身。

广义的道，包含未显相的宇宙本体，称为"空无"，以及已显相、能观看得到的万有、日月星辰。

"空无"含藏无比巨大的能量，能演化出银河系、太阳系、地球，所以"空无"就是天地、太阳系的源头。显相的有形有相的天地、太阳系能进一步演化出植物、动物、人类、万物，所以称为万物之母。

所以要常常从"空无→能演化出天地日月"，以观察出宇宙本体"空无"的奥妙。常常从"有形有相的天地日月→能演化出植物、动物、万物"，以体悟天地的浩瀚伟大、造化之妙。

不管是宇宙本体、未显相的空无，或已显相出来的天地、日月星辰、万有，统统称为道。空无与万有，虽名相不同，却都是道的一体两面，只是未显相或显相而已。两者都非常的玄妙。

道太玄妙、太玄妙了，远非一般人所理解那般。道是世人所知各种玄妙的总源头，真是太玄、太奥妙了。

注释

文中的"道"字分两大类：

1. 一类是指道理、法则、规律、真理、道路。这是一种抽象的叙述、诠释。

2. 另一类是用来代表宇宙本体（未显相），有时也涵盖由本体演化出来的一切万有、天地、日月星辰、大自然（显相）。这是实相的代号。

◈ 导　读 ◈

本章的59个字，是《道德经》八十一章五千言的总纲。

老子告诉人们："道"简直难以言说，一说出来，就不是那永恒不变的"道"了。"名"也不可言说，一说出来，也不是那恒常不变的"名"了。为什么呢？因为"道"是虚无的，看不见摸不着（"无"），但它却能够孕育天地（"天地之始"）。"道"显相之后则为天地（"有"），天地又化育了万物（"万物之母"），最终形成万象纷纭的世界。这一切"玄之又玄"，实在难以用语言表达清楚，但却是一切变化的门径（"众妙之门"）。

尤其重要的是，老子的这一答案不是来自主观想象、抽象思维和逻辑推理，而是直观宇宙真理实相之后得出的结论。

智慧分享

千百年来，被称为哲学"三大终极问题"的"我是谁""我从哪里来""我要到哪里去"一直困扰着人们。1991年，一本叫作《苏菲的世界》的哲学通俗读物问世，引起轰动效应，多年雄踞各国畅销书排行榜第一名，短短时间内创造了发行量120万册的纪录。其探讨的也是这类问题。可见人们对生命本原及归属之类问题的关切。

殊不知，2500多年前，我们的老祖宗对所谓的"三大哲学终极问题"已给出充满智慧的答案："我"是天地之子；"我"为天地所化育，自天地而来；最终也将回归天地而去。而天地来自于"无"，也就是"道"，是道之"子"；最终，也将回归于"道"。可见，"道"是天地万物的总源头。

第二章
道的特性　超越二元对立

天下皆知美之为美，斯恶（è）矣；皆知善之为善，斯不善矣。

故有无相生，难易相成，长短相形，高下相倾，音声相和（hè），前后相随。

是以圣人处（chǔ）无为之事，行（xíng）不言之教。

万物作焉而不辞，生而不有，为而不恃（shì），功成而弗居。

夫唯弗居，是以不去。

妙解

　　广泛社会大众，都认为自己能分辨什么是美、什么是丑，这会形成很不好的风气。不是好事。

　　大家都认为自己能分辨什么是善、什么是恶，这不是好现象，社会风气会变成很不友善。因众生从自我好恶出发去界定美、丑、善、恶，就会制造出很多的冲突、对立，让民心不纯、世风日下。自我若起虚妄分别，就会制造出种种二元对立。

　　界定出何为美，同时就制造出何为丑；界定出何谓善，同时就创造出了不善。

　　不去做对比，万物都是单纯而神圣的存在。一旦做对比，就有二元区别产生，若加上个人好恶，就马上产生二元对立、冲突。

　　有与无是相对比而生。难与易是因相对比而成。长与短也是相对比才形成。高与下、音与声、前与后，也都是因对比区分才形成这些概念。

　　所以得道的圣人，不去虚妄分别、妄下论断，不胡作非为。自身顺天之道而为，以身作则，行不言之教。效法道→化育万物，做利益一切众生之事，从不推辞；生养万物而不占为己有；做许多利益众生的事，心中没有任何傲慢；做很多积功累德之事，却从不居功。（众生：所有有生命的统统称为众生，如人类、各种动物和植物。）

　　就是因为不居功，所以其所积累的阴德就不会消失。受益的众生会永铭在心。（有自夸、居功之心，其功德就会很快抵消掉。）

◈ 导 读 ◈

本章第一段是理解的难点，容易引起人们的误解——难道老子崇尚是非不分、美丑不辨？

事实上，老子并不否认是非、美丑的客观存在，他所否定的只是人们从"自我"的好恶出发，按照一己的标准，去虚妄地界定美丑善恶，导致社会纷争不断，乱象丛生。

智慧分享

人们习惯以自己的是非好恶为标准去评判万物，比如：喜欢唐诗，就去妄议宋词；喜欢小品，就去嘲弄相声；喜欢春天，就去诅咒冬天；喜欢月亮，就去诋毁太阳……结果，人为编织出一张天罗地网，导致世界乱象丛生，是非不断。

有句俗话说"萝卜白菜，各有所爱"，其实并不是萝卜与白菜有多大区别，而是人们的偏爱让它们有了不同。如果有一天有人为萝卜白菜孰优孰劣争执起来，甚至打得不可开交，那真会贻笑大方。正如傅雷先生所云：人是"这个世界上唯一可以把自己搞的精神失常的生物"。

大自然向来不会这样。

"自然界好像丝毫不懂人类的相对世界，自然不会生出真蛙或假蛙，也不会有合理的树或不合理的树，也没有对的海洋或错的海洋，也找不到有道德的山或无道德的山。对大自然而言，没有所谓美丽的品种或丑恶的品种，他喜欢所有的生命。"

——坎恩·韦伯《事事本无碍》

第三章
长治久安之道

不尚贤，使民不争；

不贵难得之货，使民不为盗；

不见（xiàn）可欲，使民心不乱。

是以圣人之治，虚其心，实其腹，弱其志，强其骨；

常使民无知无欲，使夫智者不敢为也。

为无为，则无不治。

妙解

不崇尚贤能，使百姓不落入忌贤害能的恶性竞争。

不标榜何为珍贵稀有之宝，百姓就不会起窃盗之心。

不炫耀各种会让百姓起欲贪之事物，人心就不会混乱。

所以，有道的圣人其施政的重点会着重在——让百姓能虚心学习、常怀感恩心，让百姓内心富有，腹饱、身康、心安。教导百姓淡化自我、不凶悍，但要有骨气、有道骨。常引领百姓返璞归真，不要学那些世智辩聪、长养欲望贪念。使那些喜欢世智辩聪、喜好耍心机的人，能起惭愧心而不敢胡作非为。

用道法自然、顺天之道而为，不要用自我去妄作非为，自然民风纯朴、治安良好。

导 读

本章内容常常被误读，老子也因此被扣上"愚民"、"轻民"的帽子，其实这完全曲解了老子的本意。

第一层谈对"名"与"利"的应持态度。老子奉劝为政者不要去过分刺激人们的名利之心，让人们陷入追名逐利、恶性竞争的漩涡，让国家难以长治久安。

老子的预见常常有着异乎寻常的准确性。

第二层具体谈"圣人之治"，其中"志""知""智"三个字的理解应该是："志"，即心志，即欲念、贪求之意，而不是"志向"；"知"与"智"都是耍心机的意思。理解了这几个字，老子的几句话就不难理解了。

智慧分享

古往今来不乏这种现象：为政者自己骄奢淫逸、腐化堕落不算，同时用"难得之货"去刺激人们的名利心，导致全社会人心"发狂"，物欲横流。当人们"争名于朝，争利于市"、到处"密匝匝蚁排兵，乱纷纷蜂酿蜜，急攘攘蝇叮血"时，整个社会便成了名副其实的名利场。最终，"人和人除了赤裸裸的利害关系，除了冷酷无情的现金交易，就再也没有任何联系了"（《共产党宣言》），人世间的一切神圣、崇高、美好都将荡然无存，社会也因此危机四伏。

第四章
道为万物之源

道冲，而用之或不盈。

渊兮似万物之宗；挫其锐，解其纷，和其光，同其尘。

湛兮似或存。

吾不知谁之子，象帝之先。

妙解

"道·宇宙本体·空无"——呈现空虚的状态，但却充满无穷尽的巨大能量，那是用不尽的。

道博大深渊，看起来好像是万物、万有之总源头。空无的本体，似有若无，若存若空。我实在观察不到是什么生出道、演化出道。我观察到的实相是：好像在天帝之前，道就已经存在了。

注释

不盈：无穷尽。

渊：深。

宗：根本。

❖ 导 读 ❖

本章老子直截了当地告诉我们，"道"是一个虚无缥缈的真实存在。

虽然看上去"道"（宇宙本体）好像什么都没有，但我们所知与未知的一切——无论宏观、微观，无论动物、植物，无论身外、身内，无论生命体还是非生命体——都来自"道"的化育（"用之或不盈"）。

尽管这种化育一刻不停，永不止息，但"道"却挫除锋芒、消解纷扰、隐藏光辉、混同尘俗，一直保持若有若无的样子。

"道"虚无缥缈（"冲"）又真实存在——它深杳无际、浩渺无边（"渊兮"）又生生不息，妙用无穷（"用之或不盈"）——它创生万物，养育万物，是万物本原（"万物之宗"）——它先于天地而生，是天地之根、宇宙之母（"象帝之先"），总之，所谓"玄而又玄"。

智慧分享

台湾电影《搭错车》的主题歌里有这样几句深情的唱词：

没有天哪有地，

没有地哪有家，

没有家哪有你，

没有你哪有我……

——人们恐怕不会想到，在这几句唱词中，隐藏着一个永恒的真理。即我们的生命，我们赖以维持生命的万物，都是天地所生，而天地，又是道所生。中国有句话叫作"饮水思源"，"道"给了我们空气、蓝天、大地、碧水，而人类回报天地父母的，却是毒气、废水、垃圾以及肆无忌惮的破坏。

第五章
平等大爱无偏私

　　天地不仁，以万物为刍（chú）狗；圣人不仁，以百姓为刍狗。

　　天地之间，其犹橐钥乎，虚而不屈，动而愈出。

　　多言数穷，不如守中。

妙解

　　天地父母无所偏爱、无所偏心，以平等心对待所有的人类、动物、植物、万物，连用草扎成的狗也平等对待（因为一切万物都是天地父母所化育）。

　　有道的圣人一样没有偏心、没有偏爱，用平等心善待所有的百姓、动物、植物。把草木、生态都视同子民百姓，平等善待。

　　天地之间，犹如风箱。风箱中间空洞无物，但一鼓动、推拉，风箱就能生风、起作用。看似空虚，却是蕴藏无穷的能量，一推动，就能产生各种功用、创造万物。

　　多言、叙述太多抽象观念知见，反而容易造成离道越远。不如守住清净本心，用不带任何成见的清净心灵来看、来体悟。

◈ 导 读 ◈

本章写天地、圣人没有偏私的平等大爱，有三个层次。

"天地不仁"以下四句为第一层，写天地与圣人的大爱。

人们常常会质疑：天地、圣人怎么可以"不仁"？万物和百姓怎么可以被视为"刍狗"？为什么视万物与百姓为"刍狗"的"不仁"行为居然被老子大加称颂？

其实，这里的"不仁"是没有偏爱的意思。

"天地之间"以下四句为第二层，形象描述"道"创生万物的过程。老子别出心裁地以风箱为喻，把"虚无生妙有"的道理讲得深入浅出又生动之极。

最后八个字是第三层，写人应该去效法道。道"虚而不屈，动而愈出"，人也该保持虚静空灵状态，在宁静中积聚智慧和力量，而不要轻举妄动，虚耗能量。

智慧分享

在天地眼里，万物都如同祭祀用的草扎的"刍狗"一样，既没有厚薄之分，也没有好坏之别。不管一朵鲜花、一颗钻石也好，还是一株野草、一粒沙尘也罢，天地一律阳光普照，甘露遍洒，不加区别，平等对待。圣人对待百姓也如同天地对待万物一样，不分远近亲疏，无论贫富贵贱，一视同仁，一律平等。孔子的"有教无类"也是这种境界。

第六章
道为天地根

谷神不死，是谓玄牝（pìn）。
玄牝之门，是谓天地根。
绵绵若存，用之不勤。

妙解

　　大道·宇宙本体（谷神）是不会死亡的，它是生化一切万有的总源头。这个生化一切万有的总源头就是天地、日月星辰的根源。

　　宇宙本体蕴藏无穷能量、绵绵不绝、若存若无，而此能量却用之不尽。

注释

　　谷神：在这里以空旷虚无的山谷来比喻"道"。

　　玄牝：母体。

　　勤：穷尽。

◄ 导 读 ►

这章虽然只有寥寥25个字，但道"玄之又玄"的诸多特征都写出来了：

道体（谷神）是一个虚无的存在；

这个"虚无的存在"又是一个永恒的存在，其生命永远不会终结（不死）；

她是创生、化育万物的奇妙的母体（玄牝）；

地球、太阳、银河系乃至无边无际、无始无终的浩渺的星空都由她孕育而来（天地根）；

她看上去若有若无，玄妙幽微（绵绵若存），

但又生生不息，没有穷尽（用之不勤）。

智慧分享

伟大而永恒的道啊，

原来，你不是虚化的规律，

也不是抽象的哲理，

更不是令人膜拜的神祇。

你无形无相，无影无踪，

又无处不在，无所不能。

万物始于你，

山川源于你，

天地生于你。

第七章
无我无私　天长地久

天长地久。

天地所以能长且久者，以其不自生，故能长生。

是以圣人后其身而身先，外其身而身存。

非以其无私邪（yé）？故能成其私。

妙解

"天"如此恒常，"地"如此久远。天地之所以能恒常且久远存在，主要原因是没有任何私心、不为自己。无我无私地利益众生，故能长久存在。（"天"指虚空与太阳；"地"指地球。）

天地都在呈现道的特征特性，得道的圣人也是法天则地，向天地看齐学习。

所以得道的圣人，考量事情都把百姓的利益放在前面，置个人得失、毁誉、生死于度外。无我无私，心中系念天下苍生。所积阴德，自然能利益后代子子孙孙。

正因为没有任何私心，德泽万代，其生命自然与日月同辉、与天地共存。

注释

不自生：所作所为没有私心，不为自己。

后其身：把个人得失放在人类集体的利益之后。

外其身：把个人得失置之度外。

成其私：最终客观上成就了自己（身先；身存）。

—————⟪ 导　读 ⟫—————

本章老子赞叹并提倡学习天地的无我无私的伟大品性。

天地无我无私，故能长久长生。

圣人效法天地，无我无私，同样可与日月同辉，英名永垂后世。因为一个德行圆满的人，其境界"与天地万物为一体"（王阳明）。

天地与圣人无我无私的伟大品性，是值得每个人去学习的。在这个崭新的时代，我们学习老子，也可以不因为自己的渺小卑微而放弃大志。大志不一定是封官加爵，光耀万代，而只是做一个心怀祖国、忠于人民、顾全大局、无私无畏的合格公民。无私在这里更多指私心，罔顾大义的私心，并非意味着无视个人合法权益。

智慧分享

道无我无私，并因此而永恒。

人也一样。

私心重了，境界就小了，

公心大了，天地就宽了。

古往今来，正反两方面的事例不胜枚举。

脍炙人口的"先天下之忧而忧，后天下之乐而乐"与老子的"后其身而身先，外其身而身存"可谓异曲同工。范仲淹胸怀天下，先忧后乐，最终自己也美名传世。

第八章
以水为师　观水悟道

　　上善若水，水善利万物而不争。

　　处众人之所恶，故几于道。

　　居善地，心善渊，与（yǔ）善仁，言善信，政善治，事善能，动善时。

　　夫唯不争，故无尤（yóu）。

妙解

　　上等心灵品质的人，如水一般。"水"——善于利益万物，而且又不争。"水"常处众人不喜欢的低处，又去清洗众人不喜欢的污垢。水所呈现出来的德行，已接近宇宙本体，道的特征特性。

　　上等心灵品质的人，所居尽是善地、福地；其心虚怀若谷，没有傲慢之心；慈悲善待一切众生、乐于助人；他所讲的话，信用可靠；其心正，能把政务治理好；办事能力强，服务正道；能静能动，善观因缘，适时而动，利人利己。

　　上等心灵品质的人，不会与他人争。就因为不去与人争，所以无敌人、无怨尤。

◈ 导 读 ◈

"上善若水"是《道德经》八十一章的重要核心。

本章第一层写水的特性，第二层写具有水的特性的人所共有的特点。

"水"有两大特性。

一是"善利万物"。没有水的滋养，地球上就不会有生命的存在。有了水的滋养，便春有百般红紫斗芳菲，秋有万类霜天竞自由，大地一派生机勃勃。

二是水虽然居功至伟，但是它不争，不居功，不自傲，并且甘处下位。水的这种品性是最接近道的品性的。

具有水的特性的人，同样是做了好事不居功，不自傲。虽然无所不能、无往不成，但又谦卑处下（心善渊）。

智慧分享

生活中有一些现象人们见怪不怪：做了一点好事，生怕别人不知道；做好事希望别人感恩戴德，得到鲜花掌声；做了一点慈善，要见报；捐了一笔善款，要署名；资助了一栋楼房，就要用自己的名字命名；如此等等。这些都是心有杂染的表现。

老子希望人们向水学习，见贤思齐。通过道法自然的静心方法，在轻松自然的境态下，透过大自然的净化力，矫正错误观念，净化身体心灵，开发潜能与智慧，提升自己心灵品质和人生境界。

第九章
功成身退天之道

持而盈之，不如其已（yǐ）。揣（zhuī）而锐之，不可长保。

金玉满堂，莫之能守。富贵而骄，自遗（yí）其咎（jiù）。

功成名遂身退，天之道。

妙解

自满自夸自大，不如保持沉默好。

喜欢显露锋芒、爱出风头的人，易招来挫败，其势不会长久。

金玉满堂，看似富有。但，无人能长久保有。周遭虎视眈眈的人很多。

富贵而骄的人，在得意忘形之际，很容易种下恶因，导致自招灾祸。

功成名就之际，不自夸、不居功、不恋栈，能舍、能退，这才合乎天之道。

注释

盈：满。

已：停之。

揣：同"锥"，锥子。

咎：灾祸。

导 读

本章是对功成名就、志得意满者的善意提醒。

在老子看来，即便诸事顺遂，也要保持恭谨之心，凡事谨慎，居安思危，乃至功成身退，这才是合乎道的。

本章一开始老子先以水与器具为喻，讲骄者必败、傲者必亡的道理。接着列举生活现象，说明如果富贵而不知收敛，忘乎所以，就会乐极生悲，自取其咎。最后两句总结：凡是功成名就又知急流勇退的人，都是符合自然规律而最接近道的。

智慧分享

古语有"水满则溢，月满则亏"。当一个人处在声名鹊起、事业辉煌的时候，是很容易头脑发热、忘乎所以的。因为一时的身处顺境、百事亨通，容易让人产生一种幻觉，认为世上万事万物皆备于我，天时、地利、人和皆为我所用。在这种情况下，做人就容易趾高气扬，目空一切；做事就会轻率鲁莽，肆意妄为。殊不知祸福相依，不管是谁，一旦只看到种种有利的一面，而忽略了潜在的不利因素甚至危险因素，说不定哪一天危险就降临了。

历史上，正反两方面的例子很多，如人们耳熟能详的范蠡与文种、张良与韩信，就是典型的例证。

第十章
身心灵与道合一

载（zài）营魄抱一，能无离乎？

专气柔致，能如婴儿乎？

涤（dí）除玄览，能无疵（cī）乎？

爱国治民，能无为乎？

天门开阖（hé），能为雌乎？

明白四达，能无知（zhì）乎？

生之畜之，生而不有，为而不恃（shì），长而不宰（zǎi），是谓玄德。

妙解

你能身心对焦，与道合一，片刻不离吗？

你能心平气和、身心柔软，像婴儿一般天真纯净吗？

你能涤除心灵污秽、玄妙观世，而心中没有瑕疵吗？

你能用无为、尊重客观规律的方法来治国爱民吗？

你能说话柔软、动作柔和、慈悲善待一切众生吗？

当你明白生命实相、通达宇宙真理，能做到大智若愚、不妄言妄语吗？

当你体道、悟道、行道，渐渐就会做到道的特征特性：只是默默地生化万物、养育万物。生养万物而不占为己有；做许多利益众生的事，心中没有任何傲慢；能长养万物，但又不去主宰。这就是所谓的玄德。

注释

玄览：指人的心灵深邃玄妙，清澈如镜。

天门：自然之门。对人而言，指眼耳口鼻等五官。

雌：柔软。

知：同"智"，这里指自作聪明，自以为是。

畜：养育。

恃：傲慢。

◈ 导 读 ◈

这一章非常重要而实用，是日常生活中如何修养心性的指南。

开篇第一句话中的"载营魄抱一"5个字，诸多版本的诠释各有不同，但对全句的解释大体一致，即身心合一，人道合一。

全章一共七句话，依次讲了修养心性的七个建议和方法，可以做如下概括：

1. 身心要合一。

2. 身心要柔软。

3. 心灵要净化。

4. 施政要无为。

5. 言行要柔和。

6. 通达也内敛。

7. 无我亦无私。

这七个内容，每句话、每个字都不难理解，但身体力行并不容易。只有真正体悟体证，才能到达与道合一的境界。

智慧分享

明朝刘基的《郁离子》中讲了个"常羊学射"的故事。

常羊向屠龙子朱学射箭。屠龙子朱说："你想知道射箭的道理吗？楚王在云梦打猎，让掌管山泽的官员去林中哄赶禽兽，以便射杀它们。这时，一只鹿从楚王的左边跑出来，一只麋从楚王的右边跑出来。楚王正要拉弓射箭，突然一只天鹅从眼前的红色旗帜旁拂过，展开的翅膀犹如低垂的云朵。楚王把箭搭在弓上，不知该射什么才好。养由基上前说道：'我射箭时，如果在百步之外放一片叶子，我会百发百中；如果在百步之外放十片叶子，那么射得中射不中就不一定了。'"

第十一章
空无才能起妙用

三十辐（fú），共一毂（gǔ），当其无，有车之用。
埏（shān）埴（zhí）以为器，当其无，有器之用。
凿户牖（yǒu）以为室，当其无，有室之用。
故有之以为利，无之以为用。

妙解

用各种材料，做成一辆车子，车上必留有空无的空间。如此
这辆车子才能使用。（如无"空无"的空间，此车无法装东西。）用
陶土做成各种器皿，其器皿必留有空无的空间。如此，此器皿才能
发挥作用。

建造一栋房子，必须有门窗与空无的室内空间。如此，这栋房
子才能正常使用。

所以大家要知道：各种有形有相的材料，只是一种便利；我们
真正要用的是空无的空间。"空无"才能起妙用。

注释

辐：车辐。

共：辐辏，集中。

毂：车轮中心的圆木。

◀ 导 读 ▶

本章强调"空"（无）的重要。

"空"是极其重要但又很容易被忽略的一种客观存在。

面对一辆车、一个水杯、一栋房子，人们注意到的往往是事物可见的部分，而忽略了不可见的"空"。殊不知，无论可见部分的材质多昂贵，装潢多华丽，如果车厢实心，不能乘坐，杯子实心，不能盛水，房子实心，不能使用。

智慧分享

"空"无形无相、无影无踪，但无时不在，无处不在。"空无"托载万物，包裹万物，贯穿万物，是"万有"得以存在的背景与舞台。有了"空"，不仅鸟雀可以展翅、动物可以腾跃、人类可以行走，而且林木得以舒展、山岭尽情高耸、大川肆意奔腾……

当你开始慢慢去关注"空"时，你的眼前将开启一个全新的世界。从前，你眺望夜空，看到的或许只是几颗星星；而今，你将会关注到那镶嵌星星的背景——无穷无尽的浩渺虚空。

第十二章
声色电玩令心狂

五色，令人目盲；五音，令人耳聋；五味，令人口爽；

驰骋（chěng）畋（tián）猎，令人心发狂；难得之货，令人行妨。

是以圣人为腹不为目，故去彼取此。

妙解 〜

若太过注重各种华丽色彩，常沉迷于花花世界，容易让人眼盲、心盲。

太过注重各种重磅声音的刺激，会让听觉神经渐趋麻木，甚者失聪。

如果经常喜欢吃重口味、刺激性强的食物（太酸、太辣、太咸……），味觉神经就会渐渐麻木。

如果沉溺于打猎、暴力电玩，会让人性滋长残忍的不良倾向，渐渐沦丧本性而发狂。

稀有少见的贵重之物，会让人起贪欲和歹念，意图摒弃良知而据为己有。

所以有道的圣人，注重的是充实内在美，让心灵富有、幸福、快乐；而不会去追逐外在的富丽堂皇与感官享受。

有智慧的人就会知道该放下什么，该注重什么。食饱体健，而沉迷感官享乐，则得不偿失。

注释 〜

口爽：口舌失去辨味的能力。

行妨：行为损害别人的利益。

───── ❊ 导 读 ❊ ─────

　　本章的59个字，是《道德经》八十一章五千言的总纲。

　　老子告诉人们："道"简直难以言说，一说出来，就不是那永恒不变的"道"了。"名"也不可言说，一说出来，也不是那恒常不变的"名"了。为什么呢？因为"道"是虚无的，看不见摸不着（"无"），但它却能够孕育天地（"天地之始"）。"道"显相之后则为天地（"有"），天地又化育了万物（"万物之母"），最终形成万象纷纭的世界。这一切"玄之又玄"，实在难以用语言表达清楚，但却是一切变化的门径（"众妙之门"）。

　　尤其重要的是，老子的这一答案不是来自主观想象、抽象思维和逻辑推理，而是直观宇宙真理实相之后得出的结论。

智慧分享

　　在人心狂躁不安的今天，该怎样遏制"发狂"的心呢？宁波一位中学校长的开学致辞，令人警醒，发人深思。

　　"天将降大任于斯人也，必先卸其QQ，封其微博，删其微信，去其贴吧，收其电脑，夺其手机，摔其iPad，断其wifi，剪其网线，使其百无聊赖，然后静坐、喝茶、思过、锻炼、读书、弹琴、练字、明智、开悟、精进，而后必成大器也。"

第十三章
超越名利得失　堪担大任

宠辱若惊，贵大患若身。

何谓宠辱若惊？宠为上，辱为下。

得之若惊，失之若惊，是谓宠辱若惊。

何谓贵大患若身？吾所以有大患者，为吾有身，及吾无身，吾有何患？

故贵以身为天下，若可寄天下；爱以身为天下，若可托天下。

妙解

一般人若突然得到宠爱或受辱，都会惊慌。经常患得患失，主要因为自我意识很强，将宠辱等身。

何谓宠辱若惊？受宠高升，欣欣向荣；受辱被贬，一派凄凉。突然受宠或受辱都会让人心惊慌。

何谓贵大患若身？我们所以会患得患失，常常在提心吊胆，因为有强烈的身见，自我保护意识很强，十分在乎个人小我的名、利、得、失。

当我们能达到没有身见、没有小我意识，没有自私自利为己之心，有了如此宽敞的心量，就不会为个人升贬的芝麻小事而患得患失了。

一个破除身见、破除小我意识的人，所作所为自然心怀天下苍生，绝不会自私为己。这是世间非常珍贵之人。可将天下国家之大任交付此种人。

注释

若（惊）：乃，就。

贵：重视，畏惧。

若（身）：因为。

寄：托付，交托。

───── ⟨ **导　读** ⟩ ─────

本章写对待名利得失的应有态度。

第一层是总起：因为自我意识太强，所以就会患得患失，宠辱若惊。

第二层是分述。"贵以身为天下"以下几句，老子写道：肯于为天下牺牲自我的人，就可以把天下托付给他；乐于为天下奉献自我的人，就可以把天下交他治理。

大禹是个典型的例子。为了根治水患，救民于水火，解民于倒悬，大禹栉风沐雨，躬亲劳苦，与百姓一起同洪水搏斗，"劳身焦思，居外十三年，过家门不敢入"（《史记·夏本纪》）。历尽千辛万苦之后，终于平息水患，合通四海，大禹也因此受到万民拥戴。

智慧分享

《苻子》一书记载了这样一个故事。有一天，夏王让神射手后羿射一个一尺见方的兽皮靶子，靶心直径只有一寸。他命令羿说："你射吧！射中了，就赏你万金！射不中，就减去你一千户的封地。"羿听了夏王开出的条件，平时的轻松自信、游刃有余不见了。他呼吸急促，慌慌张张，拉弓射箭，第一箭没有射中，再射第二箭，又不中。夏王问太傅弥仁："这个羿啊，平日箭无虚发，可是今天和他定了赏罚条件，就射不中了，怎么会这样呢？"太傅弥仁回答说："是夏王的万金重赏压在后羿的心里，影响了他的正常发挥。人如果能抛弃忧喜的干扰，置万金厚赏于不顾，那么天下之人的射箭本领都不会比羿差了。"

第十四章
"道"长得像什么样子

视之不见，名曰"夷"；听之不闻，名曰"希"；搏之不得，名曰"微"。

此三者不可致诘（jié），故混（hùn）而为一。其上不皦（jiǎo），其下不昧（mèi）。

绳绳不可名，复归于无物。

是谓无状之状，无物之象，是谓惚恍。

迎之不见其首；随之不见其后。

执古之"道"，以御今之有。能知古始，是谓"道"纪。

妙解

能演化一切万有的宇宙本体——"空无",太玄妙了。视而不见,只能用"夷"来形容。听而不闻,只能用"希"来形容。搏取而不得,只能用"微"来形容。

"空无"太玄妙了,再怎么描述形容,都无法用人类的语言文字说明清楚,只能混合概略描述。(只能意会、心领神会。)

混沌的宇宙本体"空无"——不是很明亮,也不是很黑暗。空无里面的能量是绵绵不绝,但无法为之取名,因为在刹那生灭变化,即生即灭。

"空无"是无形状之状,无物质存在之相。可谓大象无形,大音希声。

人们一直想要看到宇宙本体"空无"的起点,但怎么看也看不到起点。想要找其终点,但怎么找,也找不到其终点(无始无终)。

能执守亘古永恒存在的道,就能学到道的特征特性,按照自身独有的规律运动,很实用。

能了悟亘古恒存的大道,也了悟道为一切万有之总源头,这就是所谓悟道、明道,也就掌握世间万物的根本。

❈ 导 读 ❈

　　本章的重点在于描写"道"（宇宙本体）的状态。

　　"道"的状态是老子在"致虚极，守静笃"的特殊心灵状态下发现的，是宇宙真理实相。

　　在发现这个真理实相后，老子肯定兴奋至极，他非常想把这一石破天惊的伟大发现告诉世人，和更多的人分享喜悦。于是，他尽量用常人能听得懂的话，把一个无形无相、无边无际的难画难描的"道"生动地描绘出来，真是神奇之极。

　　"执古之道"以下几句，老子告诉人们，如果能够了解亘古不变的"道"，对于今天的我们是非常实用的。

智慧分享

　　"道"看不到，听不见，摸不着，只能用"无"来形容。如果问到"无"是什么，很多人都会回答："'无'就是什么都没有。"但是19世纪英国的物理学家法拉第认为："当真来说，'无'实在太了不起了。"

　　"无"为什么"太了不起"？因为不仅人类都浸润在"空无"里面、动物都浸润在"空无"里面、植物都浸润在"空无"里面、非生物都浸润在"空无"里面，而且地球、太阳系、银河系也都浸润在"空无"里面。这不是宗教信仰、不是迷信，不是抽象的观念、知见，不是玄学、神学，而是亘古不变的伟大真理与实相。

第十五章
得道行道之人的足迹

古之善为道者，微妙玄通，深不可识。夫唯不可识，故强（qiǎng）为之容：

豫（yù）兮（xī）若冬涉川，犹兮若畏四邻，

俨兮其若客，涣兮若冰之将释，

敦（dūn）兮其若朴，旷兮其若谷，混（hùn）兮其若浊，

孰能晦（huì）以理之徐明？孰能浊以静之徐清？孰能安以动之徐生？

保此道者不欲盈。夫唯不盈，故能敝（bì）而新成。

妙解

古时候善于修道、行道之人，是精微玄妙、无往而不亨通。他们的智慧、内涵，真是深不可识。因为深不可识，所以只能勉强用些语言来形容：

处事小心翼翼，如冬天涉川。

做事三思而后行，怕得罪他人。

有时看起来较严肃，像个客人。

有时又热情洋溢，如春风吹拂，能让冰雪消融。

品性敦厚诚信，朴素实在。

心量无限大，且又虚怀若谷。

与世同流但不合污，不露锋芒、大智若愚。

关于宇宙大道，理先晦后明，浊水静之而涤清，面对危机，安然不动再适时出击，置死地而后生。

有道、得道之人，不会自满、固步自封、停滞不前。

因为不会自满、固步自封，仍会不断虚心学习，所以他的生命永葆新鲜。不断成长的同时，创造力也会源源不绝。

注释

盈：自满。

敝而新成：除旧布新的意思。

导　读

本章是对得道者生动形象的描绘。

经文中"微妙玄通，深不可识"八个字，是对得道者特征的总体概括。

接下来连用七个比喻，从"豫兮""犹兮""俨兮""涣兮""敦兮""旷兮""混兮"七个方面对得道者做多侧面的描写。其中"豫兮若冬涉川，犹兮若畏四邻"两句形容得道者做事谨慎，考虑周全，不妄做，不乱来，看起来好像犹犹豫豫、小心翼翼似的。

"孰能"以下三个问句，"晦""浊""安"指混沌的社会状态下混乱的事态，"理""静""动"指对治的方法措施，"明""清""生"指预期的目标或效果。

智慧分享

寻求心灵的宁静，前提是首先要有一个心灵。理论上，人人都有一个心灵，但事实上不尽然。有一些人，他们永远被外界的力量左右着，永远活在喧闹的外部世界里，未曾有真正的内心生活。对于这样的人，心灵的宁静就无从谈起。

一个人唯有关注心灵，才会因心灵被扰乱而不安，才会有寻求心灵宁静的需要。

——周国平《记住回家的路》

第十六章
老子的修行悟道之心法

致虚极，守静笃（dǔ），万物并作，吾以观复。

夫物芸芸，各复归其根。归根曰静，是谓复命。

复命曰常。知常曰明，不知常，妄作凶。

知常容，容乃公，公乃全，全乃天，天乃道，道乃久，没身不殆（dài）。

妙解

做到完全放下自我，不带任何成见，身心放松，安静下来，让心处在空明宁静的状态。这时候就能逐渐看清万物杂然并茂、生生灭灭、大自然生生不息的循环运作法则。

虽然万物齐生、齐长、齐茂，但落叶归根，万物最后都会再回归到其根源处。生命从哪里来，就会回归到哪里。回归到生命的根源，生命自然安心、自在、宁静，也就是"复命"——回复生命的本源、与道合一。这是宇宙运转的法则，这是恒常不灭的真理。（一切万有源自于道，也回归于道。）

了悟宇宙（道）的运转法则、了悟生命实相，就称为"明"，即大彻大悟大明白。

如若不知宇宙（道）的运转法则，就会背道而驰、胡作非为，招来灾祸。

宇宙大道，无边无际、无始无终，演化一切万有、养育一切万物，而且平等对待。所有生命也都是由道所化育。

当我们能了悟宇宙的运转法则、生命实相，自然会启发出我们的道性，如道一般，包容万有。

心量广大能包容一切，做人做事自然公平、公正。

为人处世有包容量、公平公正，考量事情自然会周全、全面兼顾。

能周全、全面兼顾、不偏颇的人，其德行就与"天"一样，无我无私普爱一切。此时太阳就是道的显相。

人的德行如能做到与天地、与太阳一样无我无私普爱一切众生，此乃真得道之人。得道之人，所作所为德泽天下，其生命自然与日月同辉、与天地共存。虽然有形肉体会在世间消失，但其生命不会灭亡。其智慧、其阴德与日月共辉；其生命、其心灵与天地同存。

注释

笃：与"极"同义，极端、顶点的意思。

观复：复，循环往复。

殆：危险。

◈ 导 读 ◈

本章的"致虚极，守静笃"六个字在《道德经》中占有特殊地位。

老子如此的生命大智慧，一直让全世界惊叹不已，让人们百思不得其正解。本章的"致虚极，守静笃"六个字，是解开这重重疑问的一把钥匙。

虚无寂静的道体能创生万物，清净无染的心灵同样妙用无穷。当来到"致虚极，守静笃"的境界时，人的心灵就如同被清澈的山泉水清洗一新，回归虚静本性。老子就是在这种特殊的心灵状态下，彻悟了宇宙真理。

智慧分享

2500多年前，在没有任何现代科学仪器的情况下，老子是怎样发现道的虚无本体的？又是怎样发现道这"惟恍惟惚"的虚无本体原来竟是天地本原？进而又窥见了万物循环往复、生生不息的运行规律？"致虚极，守静笃"6个字给出了答案。

现实生活中，不少科学家的发明创造，不少艺术家的伟大作品，其灵感往往也是在"致虚极，守静笃"的状态下产生的。

第十七章
默默行善积德

太上，不知有之；其次，亲而誉之；其次，畏之；其次，侮（wǔ）之。

信不足焉，有不信焉。悠兮其贵言。

功成事遂，百姓皆谓：我自然。

妙解

真正对我们生命最重要的元素,世人却不知它的存在与重要性。如太阳、大地、流水、空气。没有这些元素,我们都活不了。

对我们生命存在的重要性属于次一等的,世人就会喜欢亲近、赞誉、追随。如父母、有道的国君、有智慧的大师……

再次一等,对我们生命有威胁、具威严的,世人会对他畏惧、敬畏。如严父、独裁者、专制帝王。

再其次,对我们生命会带来损伤、劫难的,世人就会侮辱、看低这些人。如暴君、社会的破坏者。

不守信用的人,就会让人不信任他。话不在多,最珍贵的是守信用、重承诺。

有道之人,他们默默在为人类做很多重要的事。不会为了显示自己的业绩而独裁专制,而是去尊重、顺应社会发展规律,为社会事业发展大计服务。当功成业就之后,百姓都说:这样的社会成效是自然而然形成的。(印证"太上,不知有之")

注释

悠:慢。

贵言:很少表白。

⊰ 导 读 ⊱

本章的难点在于明了"太上"和几个"其次"的具体所指。

"太上"即"最高"的意思，老子在这里用"太上"来指代至高无上的"道"。

老子笔下的"道"，既包括未显相的无所不在的虚空，也包括已经显相的天地日月等。人生来就在"道"的怀抱中，但却不知"道"对于自己生命的绝对重要性；如同鱼生来就游在水中，但却不知道水对于自己生命的重要一样。

老子在这里着意提醒人们了解这一点。

智慧分享

怎么理解"道"的"太上"地位呢？孔子说过的几句话算作一个说明。

其一，"子曰：此道之美也，莫之御也。"孔子悟道后情不自禁地发出赞叹：道真是太美了，简直美到全天下没有什么可以与之匹敌的程度！（见海昏侯墓出土的《齐论·知道》）这说的是"道"的美妙无与伦比。

其二，"道也者，不可须臾离也；可离，非道也。"（《礼记·中庸》）孔子以此告诉人们：生命一分一秒也离不开"道"，一旦离开道，生命瞬间就会死亡。"道"对于万物的绝对重要性是没有什么能够与之相比的。

其三，"朝闻道，夕死可也。"（《论语·里仁第四》）孔子在体悟到了"道"的无与伦比的美妙和对万物的绝对重要之后，无限感慨地说道：哪怕早上得到"道"，晚上就死去也不足为憾，因为"道"比生命还要宝贵。

第十八章
失去道　社会乱

大道废，有仁义。

智慧出，有大伪。

六亲不和，有孝慈。

国家昏乱，有忠臣。

妙解

我们的良心、清净本心就是大道之心。

当良心荒废，世道沦丧，才会强调讲仁讲义。

大道遍行的世界，众生平等、民风憨厚纯朴。社会如果流行世智辩聪、世故圆滑的风气，就会形成勾心斗角、耍诈、虚伪的现象。

大道遍行的社会，人人知恩感恩，父慈子孝本来就是社会常态。当世风日下到六亲不和，才会强调孝顺慈悲的重要，标榜孝慈模范供学习。

大道遍行的社会，人人凭良心为国、为民服务，没有忠不忠的问题。当国家昏乱，才需要标榜忠臣良相来供学习。

⊰ 导 读 ⊱

本章意在强调至高无上的"大道"的重要，但却常常引起人们的误解。

人们困惑不解：难道仁义、智慧不该提倡吗？孝慈、忠臣不该称颂吗？老子为什么似乎在否定这些呢？

其实，对于这些疑问，"妙解"部分已经有了明白的解说。

在老子看来，当"大道"遍行天下的时候，民风淳朴、父慈子孝已是社会常态，因此用不着去刻意强调这些的重要。一旦极力标榜这些时，说明"大道"已经湮没不存了。

老子用这种逆向思维的表达方式来强调"道"的重要，颇有警醒世人的意味。

智慧分享

忙碌紧张的现代生活使人们逐渐失去了欣赏与体味的心情。当人们习惯了不去深思的时候，生活就只剩下了物质的奔走征逐，没有了性灵光辉。

——罗曼·罗兰

第十九章
回归道　社会安

　　绝圣弃智，民利百倍；绝仁弃义，民复孝慈；绝巧弃利，盗贼无有。

　　此三者以为文，不足。

　　故令有所属（shǔ）：见（xiàn）素抱朴，少私寡欲。

妙解

不强调圣、凡、智、愚，每个生命都受到平等尊重，则民风纯朴、社会祥和安定，天下百姓都受益。

讲仁讲义就会有人声讨"不仁、不义"，形成二元对立。不必讲仁义，只要恢复我们的道之心，人人从良心、感恩心出发，自然上慈下孝。

强调智巧与功利，易引起窃盗之心。不强调智巧与功利，民风纯朴，盗贼消失。

以上三种理念，若用文字来叙述、形容，都没办法把个中深义说明清楚，也不易做到。

所以指出一个重点核心，让世人较易切入实践：施政要引领百姓返璞归真、回归单纯，避免强化私心、避免长养各种欲望贪念。

注释

属：归属，遵循。

见素抱朴：表现纯真，持守质朴。

导 读

本章和上一章都在说"道"的重要，只是角度有所不同。

上一章侧重谈"失去道"的后果，本章侧重写"回归道"的美好。

如果只从文字表面意思看，人们往往会从悲观、消极方面理解，认为老子是在否定智慧、仁义、孝慈。

但是，参阅第十八章的"导读"，便可消除诸多误解。

智慧分享

哈佛大学终身教授穆来纳森有个惊人发现：

一个穷人，为了满足生活所需，不得不精打细算，也就没有任何"带宽"来考虑投资和发展事宜；一个过度忙碌的人，眼睛里只有截止日期，被最紧迫的任务拖累得疲惫不堪，也就根本没有"带宽"去安排更长远的发展。

这个发现也就是心理学上所谓的"缺失认知"。

第二十章
众人皆醒我独醉

绝学无忧。唯之与阿（ē），相去几何？善之与恶（è），相去若何？人之所畏，不可不畏。

荒兮其未央哉！

众人熙熙，如享太牢，如春登台。

我独泊兮其未兆，如婴儿之未孩。

儽（lěi）儽（lěi）兮若无所归。

众人皆有余，而我独若遗（yí）。我愚人之心也哉！沌（dùn）沌（dùn）兮。

俗人昭昭，我独昏昏。

俗人察察，我独闷闷。

澹（dàn）兮其若海，飂（liú）兮若无止。

众人皆有以，而我独顽且鄙（bǐ）。

我独异于人，而贵食母。

妙解

不要学那些世智辩聪，只要单纯过顺天之道的生活，人就能生活得很幸福很快乐。

一句讨好的话，一句逆耳的话，实在差别不了多少，但世人却很在乎，被耍得团团转。

"善"与"恶"能绝对区分吗？当立场不同、角度不同，对同一件事情是善是恶的界定，可能迥然不同。

世人所形成的是、非、好、坏、善、恶的道德观，未必正确，但不能不尊重。

"宇宙大道"太博大精深了，很少人能了悟。

世人忙忙碌碌地钻营各种名利权势，追求荣华富贵的生活，都好像很快乐。我（老子）却淡泊那些名利、不去钻营，只像个婴儿，与世无争，过着纯朴快乐的生活。

不被名利权势所系缚，到处移动游走，像个无家可归的流浪汉。

从世俗的眼光来看，大家都好像很富裕；我看起来像贫穷人家，空无所有。我老子在这个世界，是个异类。在俗人眼光中，是个愚笨的人。不去经营名利权势，只过与天地合一的生活。

世俗人看起来才华洋溢，独我看起来愚笨。

世俗人看起来精明能干，独我看起来憨傻。

淡泊名利兮，心如大海（海纳百川）。

如清风自在兮，以宇宙为舞台。

世间人都追求成为很厉害、很有作为的人。

独我老子看起来像个老顽童，没什么作为。

世间人热衷于追求功名利禄，我却与世间人不同，只重视回归道，与天地父母合一。

注释

绝学无忧：断绝有为俗学，回归淳朴，就没有忧患。

荒兮：广大。

未央：无边无际。

太牢：指丰盛的宴席。

兆：征兆，迹象。

未孩：孩通"咳"，嬉笑。

儽儽兮：无精打采的样子。

有以：有能力。

食母：抱守大道。

─────────────── ❖ 导 读 ❖ ───────────────

　　本章老子用自嘲式的语言写自己与世人的明显不同，通过一组组生动形象的对比，描绘了一幅安于"无为之道"者的自画像。

　　表面上看，"众人"是那样的兴高采烈，得意洋洋。相形之下，自己则显得愚笨无能，不合时宜。

　　实际上，老子正话反说，世俗之人湮没在声色犬马、滚滚红尘之中，自己则是安住淳朴自然本性、持守生养万物的大道，袒露的是一颗纯朴澄澈的赤子之心。

智慧分享

　　明人刘元卿的《贤奕编》中有这样一则故事：南岐地处四川的山谷中，这里的水甘甜水质却不好，凡饮用它的人都会患上粗脖子病，所以这里的人脖子上都拖着个大瘿袋。一次，有一个外地人偶然经过南岐，这里的人们就相聚围观起来，一边指指点点，一边笑话那个外地人："他的脖子好奇怪，和我们的不一样！我们的脖子又粗又大，他的脖子又细又瘦，好难看！"外地人告诉他们："你们那是得了粗脖子病，不去找药来治病，怎么反倒说我脖子细？"围观的众人说："我们乡里的人都这样，这不是病，根本不需要治！"患有粗脖子病的南岐人最终也不知道自己是难看的。

第二十一章
描述"空、无"之奥妙

孔德之容，惟道是从。

道之为物，惟恍惟惚。

惚兮恍兮，其中有象；恍兮惚兮，其中有物。

窈（yǎo）兮冥（míng）兮，其中有精；其精甚真，其中有信。

自古及今，其名不去。以阅众甫。吾何以知众甫之状哉？以此。

妙解 ～～

　　真正大彻大悟的大智慧者，只是与道合一，顺天之道而为。

　　道到底长得像什么样子呢？是无形、无象、无色，恍恍惚惚。虽无形、无色、无物质，但不是断灭的空无，不是绝对的无，里面又有迹象可观察到。

　　虽然恍惚、扑朔迷离，但其中确实有东西存在。"空无"无比的奥妙深远，其中有能化育万物的精髓、醍醐（科学界所称的暗物质、暗能源）。

　　"空无"里面的精髓、醍醐是真实的存在，此点能确信。

　　"道（宇宙本体）"无边无际、无始无终，自古至今永恒存在，而且不断在演化万有、养育万物。

　　我为什么知道"道"是一切万有的总源头，道又养育一切万物？因为可实际观察到、体悟到。如前所述，那都是真实的。

⟨ 导　读 ⟩

　　本章内容和第十四章密切相关，可以放在一起来看。

　　第十四章主要描述"道"长得什么样，本章虽然也有对"道"的状态的描述，但重点在写"道"的奥妙之处。

　　"道"看也看不见，听也听不见，摸也摸不着。不要因此就误以为"道"里边什么也没有。在"恍兮惚兮""窈兮冥兮"的道里，有象、有物、有精、有信，蕴藏着创生天地万物的巨大能量。

　　最后几句，写"道"的妙用，是它演化养育了万物。

　　老子说看不见、听不见、触不到的"恍兮惚兮"的道里，居然有"象""物""精"存在，并特意用了一个"信"字，表示对这种发现的信誓旦旦，认为确凿无疑。这实在不可思议。

智慧分享

2017年6月29日《光明日报》的"科学"版上，以整版篇幅，刊发了一篇题为《揭秘宇宙加速膨胀背后的暗能量》（赵公博 张新民）的文章，报道了人类天体研究的最新成果：世界最大星系巡天组织eBOSS国际科技计划合作利用宇宙深处的类星体测量到了显著的重子声波震荡信号，证明"暗能量确实存在"，并且普遍存在于广袤无垠的"恍兮惚兮"的宇宙虚空中，"宇宙中约70%的能量由暗能量提供，约25%由暗物质提供，而我们熟悉的普通物质只占5%"。

天体科学的最新发现和老子的描述竟然惊人地一致！

然而问题是，科学家是利用最先进的科学仪器，从宇宙深处的类星体在30亿年到70亿年前发出的光中捕捉到的信号，才有了当下的重大发现。

老子在2500多年前所描绘的真真切切的宇宙真相，到底是怎么发现的？

第二十二章
超越逻辑的高等智慧

曲则全，枉（wǎng）则直，洼则盈，敝则新，少则得，多则惑。

是以圣人抱一为天下式。

不自见（xiàn）故明，不自是故彰，不自伐故有功，不自矜（jīn）故长（cháng）。

夫唯不争，故天下莫能与之争。

古之所谓"曲则全"者，岂虚言哉？诚全而归之。

妙解

能受得了委屈，又柔软面对，就能成全大事。

受冤枉、与世无争、绕道而行，更能显现心地正直。

能处下、虚怀若谷学习，自然具有内涵，心灵富有。

能如实面对自己，勇于检讨改进，则生命永葆新鲜、富含创造力。

肯无我无私的奉献付出、行善布施，有一天会体会到"我为人人，人人为我"，得到更多。

如一味追名逐利，随之而来的烦恼、痛苦、困惑也更多。

所以得道的圣人，始终秉持道的特征特性来为人处事。

有才华、有智慧，但不喜欢自我表现，这是谦虚内敛、明白通达的人。

不自以为是、没有傲慢之心的人，其生命反而会增益价值。

有显著功绩，但不自我标榜、不自炫、不居功的人，才会有真正的功德。

不自夸、不自我吹嘘膨胀，实实在在的人，其阴德能绵延流长。

真的能做到不与人争的人，天下就没有人能与之争。

古人说的"曲则全"的道理，岂是谈空说玄的虚言吗？

以上的人生玄妙哲学，只要你真的做到，许多你意想不到的收获，便会滋润心田。

注释

抱一：秉持道的原则。一，道。

式：规范，法式。

诚全而归之：实在应该保全它（道）而回归它。

> ❖ 导 读 ❖
>
> 　　在老子看来，世间万物都具有两面性，正面与反面都可以互相转化。因此，对于一切事物，既要看到外表，也要看到内里；既要看到正面，也要看到反面。
>
> 　　第一段列举一串自然社会现象告诉人们：委曲的反能周全，弯曲的反能伸直，低洼的反能盈满，破旧的反能更新，少取反能多得，多取反而迷惑。一切都在向相反方向转化。
>
> 　　经文从第二段讲圣人立身行事与"道"合一所取得的效果，进一步强调了谦卑处下、柔软不争的益处。

智慧分享

　　战国时期的鲁国，不少人知道宰相公孙仪喜欢吃鱼，于是争先恐后地买鱼献给他，但他概不接受。他说，正因我喜欢吃鱼，才不能接受别人的鱼。吃了别人的嘴短，为官就容易徇私枉法，长此以往，就会免相。这时，不仅自己没钱买鱼，也再没有人给我送鱼了。看来，公孙仪很懂得"少则得，多则惑"的道理。

　　然而，古往今来，"因嫌纱帽小，致使锁枷扛。昨怜破袄寒，今嫌紫蟒长"的现象一直不见绝迹。可见，不少人既不懂得老子的智慧，也没有公孙仪的清醒。

第二十三章
万物无常生灭变化

希言自然。故飘风不终朝，骤（zhòu）雨不终日。孰为此者？天地。天地尚不能久，而况于人乎？

故从事于道者，同于道；德者，同于德；失者，同于失。

同于道者，道亦乐得之；同于德者，德亦乐得之；同于失者，失亦乐得之。

信不足焉，有不信焉。

妙解

少说话、善利万物而不争，这是大自然的道理。

少言、多看，就能体悟出天地的大道理。刮大风、下暴雨都不会维持太久。是谁在刮大风、下暴雨？是天地、大自然的现象。

天地、大自然的现象（刮大风、下暴雨）尚不能维持长久，何况人为的现象。要去体悟，现象界的一切都在流动、生灭变化，不会恒常不变。

所以当你从事、浸润于道，你就自然呈现出道的特征特性。如果你从事、浸润于德，你就呈现出德的特征特性。如果你在乎个人的名利得失，你就会经常处在患得患失的状态。

当你经常浸润在道的世界，有道人士自然乐于起共鸣。如经常浸润在德的世界，有德的人事物，自然乐于起共鸣。

当你在乎的是个人的名利得失，自然会吸引那些喜欢追逐名利得失的人事物前来。

一个人若不讲信用，自然会吸引那些不讲信用的人过来，别人也会对他不信任。

好好深入去体悟，何谓"物以类聚"。命运掌握在自己手中，而不是宿命论。

导　读

本章从自然现象谈及体道悟道。

先用"飘风""骤雨"的自然现象讲万物的无常变化，接下来写取法"道"的人，便与"道"同在；而与"道"同在的人，便会得到更多有道之人的共鸣。

智慧分享

定风波

苏轼

三月七日沙湖道中遇雨。雨具先去，同行皆狼狈，余独不觉。已而遂晴，故作此词。

莫听穿林打叶声，何妨吟啸且徐行。

竹杖芒鞋轻胜马，谁怕？一蓑烟雨任平生。

料峭春风吹酒醒，微冷，山头斜照却相迎。

回首向来萧瑟处，归去，也无风雨也无晴。

第二十四章
自我筑梦一场空

　　企者不立；跨者不行；自见（xiàn）者不明；自是者不彰（zhāng）；自伐者无功；自矜（jīn）者不长。

　　其在道也，曰："余食赘（zhuì）形。"物或恶之，故有道者不处。

妙解

　　喜欢踮着脚尖站立，以呈现高人一等，此种人无法久立。

　　跨大步往前冲，想赛赢别人，反而欲速则不达。

　　喜爱自我展现的人，表示不明真理、不明生命实相。

　　喜欢自以为是、自视甚高的人，其生命反而不会彰显。

　　喜欢自吹自擂其功劳有多大的人，反而不会有功。

　　喜欢自夸、自炫己能的人，不会兴旺很久。

　　喜爱自我表现、自夸、自吹、自捧，对于道而言，这些心态行为都是属于多余的累赘，如同过食体胖、赘肉生。这些事情会招致厌恶，所以，有道、得道之人，尽力不去采取这些心态行为。

注释

　　物或恶之：万物，包括人在内，都讨厌这种心态行为。

　　处：做。

————————◈ 导　读 ◈————————

本章是对妄自尊大者的警示。

老子指出：有些人喜欢自我标榜、炫耀（企、跨、自见、自是、自伐、自矜）。由于这种心态行为和"道"的品性相去甚远，因此往往会有不好的结果（不立、不行、不明、不彰、无功、不长）。古往今来，这样的教训很多。

"道"不会自我炫耀，虽然创生万物，化育万物，却"生而不有，为而不恃，功成而弗居"。

老子再一次强调了学习"道"谦卑处下品质的重要。

智慧分享

利奥·罗斯顿是美国最胖的好莱坞影星，他腰围6.2英尺，体重349斤，体态臃肿，一身累赘。1936年在英国演出时，因心肌衰竭被送进汤姆斯急救中心。抢救人员用了最好的药，动用了最先进的设备，仍没挽回他的生命。临终前，罗斯顿绝望地喃喃自语："你的身躯很庞大，但你的生命需要的仅仅是一颗心脏！"后来，这句话被急救中心刻在医院门廊上，成了警世之语。"企者""跨者"等"余食赘行"就是利奥·罗斯顿身上那些赘肉。

第二十五章
道为天地母　道法自然

　　有物混（hùn）成，先天地生。寂兮寥（liáo）兮，独立而不改，周行而不殆（dài），可以为天下母。吾不知其名，字之曰"道"，强为之名曰"大"。大曰"逝"，逝曰"远"，远曰"反"。

　　故道大，天大，地大，人亦大。域中有四大，而人居其一焉。

　　人法地，地法天，天法道，道法自然。

妙解

有一种存在，是浑然而成。在银河系、太阳系、天地出现之前，它就已经存在了。

此存在是无形、无体、无声，看不见、摸不着，而且永恒存在、亘古不灭。此存在又是生生不息地演化万物，可以称为一切万有的母亲、总源头。我（老子）实在不知如何称呼它，只能勉强称为道，又勉强称为"大"，实在太大太大了。看不到它的尽头，真是无边无际。无边无际，可用极远来形容，虽无边无际，但又不是一去不返，终点竟然又返回到起点。

道，实在是极大极大，天也是极大，地也是极广大，人也是很伟大。

在宇宙中有四大，人也是四大之一。天地是由道所演化，人是由天地所化育。所以人要向大地学习，大地向天学习；天向道学习，天的运转法则效法道的运转法则（宇宙律）；而道的运转法则（宇宙律）是依循顺其自然法则。

注释

殆：停止。

逝：运行不息。

反：返归本原。

自然：兴衰生灭的自然法则。

本章在《道德经》八十一章中具有特殊重要的意义，"人法地，地法天，天法道，道法自然"是千古名句。

本章是老子发现"先天地生""可以为天下母"的宇宙虚空的具体记述和详细描绘。老子不知道管这个"虚空"叫什么，勉强给它起了两个名字，一个是"道"，一个是"大"。

这是一个石破天惊的伟大发现。

老子告诉人们：这个先于宇宙万物而存在的"道"，既存在于万物之外，又存在于万物之中；每时每刻发挥着作用，并且永恒不变。

智慧分享

老子的伟大发现解开了"世界从哪里来""世界为什么这样""世界将来又会怎样"等千古之谜，为人类了解宇宙以及如何与宇宙相处，打开了一扇玄妙的大门。

400多年前，当欧洲的宗教界和科学家还在为"地心说"与"日心说"打得头破血流的时候，殊不知，2500多年前，老子"人法地，地法天，天法道，道法自然"的伟大发现，早已指向了宇宙的终极真理。

老子为什么能看到天地万物的本源？又是怎样发现的宇宙终极真理？探究一下，会有无穷妙趣和无比奇妙的伟大发现。

第二十六章
冷静稳重　做生命主人

重为轻根，静为躁君。

是以圣人终日行不离辎（zī）重（zhòng）。虽有荣观，燕处超然。

奈何万乘之主，而以身轻天下？

轻则失根，躁则失君。

妙解

树头（树根树干）稳重，树叶才能随风轻飘。

冷静、稳重才能把持、化解躁动不安。

所以有道的圣人，日常生活工作，都是很稳重，不会轻浮。虽有荣华富贵，都以平常心对待。不会爱慕虚荣、随波逐流。

可惜很多君王却爱慕虚荣，很轻浮地去追逐世间的名利、荣华富贵，忘记了自己的社稷职责，置天下苍生的命运于不顾，一心只顾自己享乐。

轻浮则易浮而无根，失去根基而易倾倒。

急躁则易失去稳重、失去君威，被人轻慢。

✦ 导 读 ✦

本章谈"静"的重要,"躁"的危害,具有很强的现实针对性。

"重为轻根,静为躁君""轻则失根,躁则失君"可谓至理名言,尤其在人心浮躁的今天——不管你是家长还是孩子,老师还是学生,领导还是员工,丈夫还是妻子,这16个字对每一个人都很重要。

在这个躁动不安的时代,谁能够静下来,谁就接近了"道",谁的生命就有了归属,心灵就有了故乡。

智慧分享

人生在很多时候像一座磨坊,或一座加油站,周围空气中飘浮着很多粉尘、汽油等易燃易爆的危险物。如果不小心,一个小小的火种就可能引发毁灭性的爆炸。这种"火种"在现实中有很多,但最常见、导致严重后果最多的就是浮躁。

浮躁可以说是人的一种"心魔",有时只需不如意中产生的不良情绪稍稍碰撞、摩擦一下,就会点燃。

倘若不能及时扑灭这恶魔般的火苗,任其肆意在心头躁动,那么最终它们轻则引爆一个小房间——你我人生中不太重要的一个部分,重则炸毁整座建筑——整个人生。

第二十七章
为人处世成功诀

善行无辙（zhé）迹，善言无瑕（xiá）谪（zhé），善数（shǔ）不用筹策，善闭无关楗（jiàn）而不可开，善结无绳约而不可解。

是以圣人常善救人，故无弃人；常善救物，故无弃物。是谓袭（xí）明。

故善人者，不善人之师；不善人者，善人之资。

不贵其师，不爱其资，虽智大迷。是谓要妙。

妙解

真正在行善积德的人，为善不欲人知。

真正有智慧的人，说话不会前后矛盾，不会有瑕疵。

凭良心在规划运作的人，不会用各种阴谋策略去算计他人。

真正了悟真理实相、有智慧的人，其心不会被任何名利所腐蚀，不会被荣华权势所动摇。

真正守信用的人，不必给他种种契约、条款的约束，他自然重承诺、守信用。

所以有道的圣人，常善于救人，心怀天下苍生，不遗弃任何人；常惜福爱物，不奢侈浪费，所以没有弃物。这是因为体悟到天地之道，无废弃之人，无废弃之物。在自然的循环里，人各有命，物尽其用，因果相连，周而复始。道善待每一个生灵，冥冥中自有天意。

所以"善人"可供不善之人学习自勉。

"不善之人"的因果逻辑，可以供人汲取前车之鉴，如履薄冰。

如果不知珍惜可为良师益友的善人，如果不知从不善之人的下场来引以为鉴、多加警惕，尽管聪颖，实际上只是个大迷糊啊。

这是为人处事成功与失败的关键所在。

注释

瑕谪：错误。

筹策：古时计算工具。

关楗：门栓。

资：镜子、借鉴。

导读

本章第一段用5个比喻写言行合"道"的重要。

5个比喻的字面意思是：善于行走的，不留痕迹；善于言谈的，没有过失；善于计算的，不用筹码；善于关闭的，不用门栓也不能开；善于捆绑的，不用绳索也不能解。

"妙解"中的相关内容是引申义，可参照阅读。

智慧分享

"善"做事的人，不会每天战战兢兢，寝食不安，坐卧不宁，患得患失；不会忐忑不安地既拿不起又放不下，既输不起又赢不起；也不会像老座钟上的钟摆，在两极情绪中永不得安宁地起落挣扎，品尝着绵绵无尽的焦虑与惶恐、无奈与苦涩、疲劳与怨怒、失落与惆怅。

道是一种生机勃勃的状态——千帆竞发是道，万木争荣是道，鹰击长空是道，鱼翔浅底是道。其实，成败得失都是自然的事情，毁誉褒贬皆为平常的道理，人生的意义重在过程，而不在结果。

第二十八章
了悟实相 返璞（pú）归真

知其雄，守其雌，为天下溪；为天下溪，常德不离，复归于婴儿。

知其白，守其黑，为天下式；为天下式，常德不忒（tè），复归于无极。

知其荣，守其辱，为天下谷；为天下谷，常德乃足，复归于朴。

朴散则为器，圣人用之，则为官长。故大制不割。

妙解

　　本可展现刚强、气势凌人，却坚守谦下柔软，不害、不争，就像清净的溪水。能像清净溪水利益世人的人，其德行与道之德是一致的，其心纯净如婴儿一般。

　　本可以大大显露锋芒，但却和光同尘、不炫耀，此种与世无争的人，可为天下榜样。

　　此种与世无争，可为天下榜样的人，其德行与道之德，是没有落差的，而且自然与道合一。

　　本可以拥有荣华富贵，却甘于平凡平淡，受屈受辱，此种人就像天下的山谷。虚怀若谷、像天下山谷的人，自然流露充沛的德行。此种人自然呈现返璞归真、朴实、朴素。

　　此种外表平凡平淡很朴实的人，如能受器重而好好发挥其才华，必成为国之栋梁。

　　有道的明君会重用此种朴实无华的人，使之在各个岗位发挥应有的作用，从而使国家因此受益。

━━━━ ❧ 导 读 ❧ ━━━━

　　本章写与"道"合一、返璞归真的重要。

　　老子说：这个世上有这样一种人，他们知雄守雌、知白守黑、知荣守辱。明明懂得雄健刚强的好处，却安于柔弱。这些人的心灵品质淳朴自然，与道很一致。

　　老子提倡守雌、守黑、守辱，并不是要人们自居失败，而是希望人们谦恭处下、与"道"合一，从而抵达"无为无不为"的境界。

　　最后，老子用"朴散则为器"的比喻，写未经雕琢的木（"朴"），经雕琢后可以成为有用的器具，喻指那些朴实无华的人，经过培养，会成为难得的人才。圣人任用他们，他们就会成为国家的栋梁。

　　老子认为，治理国家时，切不可舍弃那些本质朴实的人（大制不割）。

智慧分享

定而后能静，
静而后能安，
安而后能虑，
虑而后能得。
——《大学》

第二十九章
天下为（wéi）公

将欲取天下而为之，吾见其不可得已。

天下神器，不可为也，不可执也。为者败之，执者失之。

故物，或行或随，或歔（xū）或吹，或强或羸（léi），或载（zài）或隳（huī）。

是以圣人去甚，去奢（shē），去泰。

妙解

野心勃勃的人，企图把整个世界占为己有。此类狂妄之徒，是得不到天下的。（就算表面得到，也会很快失去。）

"世界"是无比奥妙的神器，人类不可对它强作非为，不可抓取执持占为己有。

对"世界"强作非为的人，最后必然失败。

想对"世界"抓取执持占为己有的人，最后必然失去一切，一把土也得不到。

这个森罗万象的世界，呈现出富有创造力又随顺因缘，或正向成就，或反向毁坏，或成长壮大，或崩塌衰减，或给你顺境支持，或给你逆境磨炼考验……（道自然会维持动态的平衡。）

所以有道的圣人，不会走极端、不会奢侈浪费、不会一味表现泰然自得。

明道之人，自然走在无所执着的中庸之道。

注释

甚：过分。

奢：奢侈。

泰：极端，过度。

━━━━━━━━ ❦ 导　读 ❦ ━━━━━━━━

　　本章写对待天下的态度如果与"道"相悖，就会自食其果。

　　天下是"神器"，不能为某些人所"私有"，而是万物与全人类所共有。不论是谁，如果想独霸世界，就如同一条蛇想吞下一头大象一样，大象没吞下，自己却被撑爆而死。

　　第二层则先写常人的处世态度容易执取两端：或积极，或消极；或酷寒，或过暖；或强硬，或羸弱；或支持，或反对。圣人则不然，他们会去掉那些过分的、奢侈的、极端的做法，走在无过无不及的中道上。

智慧分享

　　孔子不是一个极端的道德主义者，不是一个道德的原教旨主义者。这不仅使孔子变的非常可爱，而且对于我们的民族来讲，也是一件非常值得庆幸的事情。因为正是孔子的这一特点，使得我们民族的性格是中庸的、温和的、宽松的，而不是喜欢走极端的。一个走极端的人是很可怕的人，一个走极端的文化是令人恐怖的文化，一个走极端的民族是很可怕的民族。所以，孔子比较中庸的道德观念，对中华民族来说真是一件非常值得庆幸的事情。

　　　　　　　　　　　　——摘自鲍鹏山《说孔子》

第三十章
战争后患无穷

以道佐人主者，不以兵强天下。其事好（hào）还（huán）。

师之所处，荆棘生焉；大军之后，必有凶年。

善者果而已，不敢以取强。

果而勿矜（jīn），果而勿伐，果而勿骄，果而不得已，果而勿强。

物壮则老，是谓不道，不道早已。

妙解

有道的英明君主，不会依靠强大的兵力武力去夺取天下。因为动用武力，这是很快会遭到循环报复的。

军队所驻扎的地方，或有过战乱的地方，百姓逃离、不能靠近耕种，村庄断壁残垣、良田废弃、荆棘丛生。

大战之后，必有凶年——因死伤惨重、尸体腐烂发臭，容易引发瘟疫、饥荒，天灾人祸也会陆续发生。

不发动战争而能和平共存这是上策，不可好战而穷兵黩武。

能达成和平共存共荣的成果就好，不可妄图独霸天下而傲慢自大，不可仗势凌弱。

宇宙的法则：物壮则老，物极必反。贪得无厌的野心家，其所作所为是违反天地之道的。

逆天之道而为的人，必然很快失败、垮台。

注释

佐：辅佐。

果：有结果，达到目的。

物壮则老：事物盛极就会转衰。

是谓不道：盛极之际，如果不适可而止就不合大道。

导 读

本章写对待战争的态度应该合乎"道"。

战争会带来无穷后患，因此老子认为，即便万不得已，实在非用兵不可的话，也应该适可而止，不可以逞一时之快。

老子的话大意是：善用兵者达，不得靠武力逞强。达到目的后不要自高自大，自吹自擂，得意忘形。用兵完全是出于不得已，已经达到目的了就不要逞强好胜。

智慧分享

上个世纪的60年代，面对某国在边境上的武装入侵，中国军队被迫采取短暂而有限的反击。全胜之后立即全线停火，从边境线主动后撤，最终促成和平谈判。同时，把交战时缴获的武器装备，全部擦洗干净、包装整齐，交还对方。对所有被俘人员，人格给予尊重，生活给予优待，伤者给予治疗。

中国政府的这一举动，受到全世界的普遍赞扬。这便是"果而不得已，果而勿强"的最好例证。

第三十一章
战争所杀皆己同类

夫佳兵者，不祥之器，物或恶（wù）之，故有道者不处（chǔ）。

君子居则贵左，用兵则贵右。

兵者不祥之器，非君子之器，不得已而用之，恬（tián）淡为上。

胜而不美，而美之者，是乐杀人。

夫乐杀人者，则不可得志于天下矣。

吉事尚左，凶事尚右。偏将军居左，上将军居右，言以丧（sāng）礼处之。

杀人之众，以悲哀泣之，战胜以丧礼处之。

妙解

　　强大兵力、拥有精密尖端武器，这些对全人类而言是属不祥之器，不是好现象。大自然与百姓都是不喜欢战争的；所以有道德的国君，不会用武力去解决纷争。

　　有道的君子，安居时以左方为贵，用兵时以右方为贵。

　　重兵、精密武器是属于不吉祥之类（易引起大灾难、大毁灭），不是有道明君治世之宝。如果万不得已要用到军队武器，也只是点到为止就好。

　　战胜了也不要歌功颂德；如果战胜而大加赞美、歌功颂德，表示那是喜欢杀人的暴君。喜欢杀人的暴君，无法统治世界、无法得到天下。（勉强得到，也会很快被推翻。）

　　吉事以左为上，凶事以右为上。下级军官居左方，上将军居右侧，这是把打仗用兵视同丧礼处置，表示不欲逞兵力之勇的意思。

　　战争会杀死很多人，面对那些被杀死的人，要以悲哀之心来吊祭。战胜了，要以办丧礼之心来吊祭所有因战争而死亡的人。

注释

　　左、右：战国礼仪是左阳右阴、左生右杀、左吉右凶。

　　泣之：祭奠他们。

◈ 导　读 ◈

　　本章较为系统地阐述了老子否定战争、反对战争的基本立场和态度，是老子战争观念的一次集中体现，可以看作第三十章的姊妹篇。

　　然而，面对现实，老子也只好无奈地承认，在"不得已"的情况下，可以暂时使用战争的手段。但即便如此，也不该对战争进行赞扬；即便打了胜仗，也要视之为凶丧之事，不能以兵逞强，炫耀武力。

智慧分享

　　作为区域性多边合作的国际组织，"上合组织"创造性地提出并始终践行"上海精神"：主张互信、互利、平等、协商、尊重多样文明、谋求共同发展，提倡创新、协调、绿色、开放、共享的发展观，践行共同、综合、合作、可持续的安全观，秉持开放、融通、互利、共赢的合作观，树立平等、互鉴、对话、包容的文明观，坚持共商共建共享的全球治理观，破解时代难题，化解风险挑战。这应该是人类逐渐觉醒的标志。

第三十二章
顺天之道　风调雨顺

　　道常无名朴。虽小，天下莫能臣也。侯王若能守之，万物将自宾。

　　天地相合，以降甘露，民莫之令而自均。

　　始制有名，名亦既有，夫亦将知止，知止可以不殆。

　　譬道之在天下，犹川谷之与江海。

妙解

道演化一切万有，但不居功、不争名，所以就像个无名小卒，很朴素、也像个仆人。虽然像个默默无闻的小卒，但天下没有任何人能赢过道而让道称臣。

王侯将相若能守住道的特征特性，且以身作则行道，百姓会起而效法，世风日渐改善，脱序的社会自然逐渐恢复秩序。世风祥和，万物被尊重与爱护，自然自动各归其位。所以天地相合、风调雨顺，适当时机就会普降甘露、滋养万物。世人不需命令，也不需特意祈求，只要民心祥和，天地自然呈现风调雨顺。（风调雨顺→自然五谷丰收、国泰民安。）

脚踏实地默默地耕耘奋斗，有一天会功成名就。当名气渐大的时候，要懂得知止、内敛、本分、和光同尘，学习"道无名朴"的德行，如能知止内敛，就可避免招来灾祸。

我们要学习道的特征特性，善利万物而不争；如同川谷与江海，虚心、处下，百川自然汇归；又将所汇归资源普施天下、润物无声。

注释

宾：归服。

莫之令：祈求。

自均：均匀遍洒。

始制有名：道本无名，开始创生万物时就有了名字。始制，创造。

◈ 导 读 ◈

本章写"道"的"无名朴""知止""不殆"等特征。

老子认为，王侯将相若能守住"道"的这些特性特征，天下就会风调雨顺，世风祥和。

智慧分享

"知止可以不殆"可谓至理名言。

人生在世，难免犯错误。由小错到铸成无可挽回的大错，往往要经历一个过程。如果能够及早醒悟，则"悬崖勒马未为晚"，否则，便会"船到江心补漏迟"。老子的告诫，值得谨记。

第三十三章
真正的富有与长寿

知人者智，自知者明。

胜人者有力，自胜者强。

知足者富。强行者有志。

不失其所者久。死而不亡者寿。

妙解

能了知别人的人，称为聪明；能认知自己的人，称为明智。

能战胜别人的人，是有力的人；能战胜自我的人，才堪称真正的强者。

能知足的人，才是世界上真正富有的人。（真正的富有不是在于拥有很多，而是在于需要及花费有度。）

能勤行、坚持不懈的人，是有毅志的人。

为人处事不离道、凭着良心勤行道，自然与道长久共存。

行道、行善、广积阴德的人，肉体死后其阴德与智慧恒存，故其生命不会死亡，与天地共存。

注释

不失其所：不离道。

不亡：精神不朽。

导 读

本章可以说是老子的人生论。

老子在这里只说了八句话，但句句是充满智慧的箴言，每一句都可用作成语或人生的座右铭，是个人身心自我完善的至理格言；每一句都意义深远，值得我们去再三体味。

八句话中，"自知""自胜""知足""强行"等是老子特别强调的几点。

智慧分享

一个人要为别人算命很简单，但要为自己算命就没有那么简单；要看到别人的脸黑很容易，但是要看到自己的脸黑却不容易。整个的心灵成长之路，就是返回来观照自己！

人最大的敌人是"自己"，因为"自我"很狡猾、很厉害，要战胜自己不容易啊！一个大将军战胜千军万马容易，但是破除我执之路不是用千军万马能够换来的。

唯有借助整个大自然的力量，那个"小我"才会真的消失，才会融入"无我"的世界里，从自私自利成长到无我无私。

第三十四章
道养万物而不为主

大道氾（fàn）兮，其可左右。

万物恃之而生而不辞，功成而不有，衣（yì）养万物而不为主。

常无欲，可名于小；万物归焉而不为主，可名为大。

以其终不自为大，故能成其大。

道实在极广大、极广大，无边无际。道虽极广大，但又无处不在，就在我们左右。（我们都浸润在道里面，像鱼游移在大海里面。）

一切万物都要依靠道才能生存生长，而道养育万物，从不辞辛劳，功成也不居功、不占为己有。道长养万物，但不掌控、不主宰万物。

道呈现为没有欲贪、不争名夺利，只是默默化育万物，就像个无名小卒。然而万物却都由道所化育，又回归于道，道却没有傲慢之心、没有主宰之欲。此种德行实在太伟大了。

道实际流露出伟大的德行，但却不自以为伟大、没有丝毫傲慢之心，因而能够使之伟大长存、普惠众生。

氾：同"泛"，无边无际。

其可左右：其，指"道"。可左右，上下四方无所不至。

衣养：养育。

名：叫作。

导 读

本章写"道"的作用和品性。

"道"无边无际、无处不在，它既在万物之外，也在万物之中；既包裹着万物，也贯穿着万物；万物的生命要靠"道"的化育支撑，离开"道"片刻也不能存活。

"道"化生万物，养育万物，同时还是万物的归宿地。

"道"的作用如此重要，但它却"不辞""不有""不为主"，最终成就了"道"的伟大。

智慧分享

庄子《知北游》中记载了这样一段对话：

东郭子问庄子："道在哪里？"

庄子说："道无处不在。"

东郭子说："请指明一个地方吧。"

庄子说："在蝼蚁身上。"

东郭子说："怎么这么卑下呢？"

庄子说："在砖瓦里面。"

东郭子说："怎么越来越卑下呢？"

庄子说："在屎尿里。"

东郭子不讲话了。

庄子说："你不要固执己见，天地间万事万物没有一样东西离得开'道'。"

孔子说过一句有名的话："道也者，不可须臾离也。可离非道也。"（《礼记·中庸》）和庄子的故事中讲的是同样的道理。

第三十五章
淡中悟真道　常里识真人

执大象，天下往。往而不害，安平太。

乐与饵，过客止。道之出口，淡乎其无味，视之不足见，听之不足闻，用之不足既。

妙解

能执守"大道"、顺天之道而为的人，可以行遍天下无障碍。因为悟道行道的人，心中超越所有二元对立，以慈悲大爱之心善待一切众生，不伤害任何人，所以不管走到哪里，都安心自在、平安吉祥。

有道之人内心的安心、自在、喜悦，不是世间的荣华富贵、权势地位所能换得的。所以世间的名利富贵，对有道之人而言有如浮云。

道最深奥、也最浅显，要和世俗人介绍道是什么，一般人都会觉得"这个太平凡、太平淡了，没什么神奇、没什么值得深入去探讨"。

但道未显相的"空无"（宇宙本体）是很玄妙的，用肉眼看不到、用耳朵听不到。虽然看不到、听不到、抓不到，但空无里面巨大的能量是让我们用也用不完的。真的是妙用无穷。

注释

象：道。

安平太：安乐平和之极。

既：已，用尽，完结。

☞ 导 读 ☜

　　本章再一次强调"道"的影响和作用。

　　"道"无香无味，无影无声，"视之不见""听之不闻""搏之不得"。

　　"道"不像音乐、美味那样对人有着巨大的诱惑力，但其影响和作用却是无比巨大的。

　　"道"可以让"得道之人"畅行天下，心中平和安泰。

　　"道"妙用无穷，任何有形物体都无法与之相提并论。

智慧分享

静坐然后知平时之气浮，
守默然后知平时之言躁；
寡欲然后知平时之病多，
近情然后知平时之念刻。

——［明］陈继儒

第三十六章
洞烛先机　明察秋毫

将欲歙（xī）之，必固张之。将欲弱之，必固强（qiáng）之。将欲废之，必固举之。将欲夺之，必固与之。是谓微明。

柔弱胜刚强。

鱼不可脱于渊；国之利器，不可以示人。

妙解

世俗人大多有强烈欲贪，社会各种诈骗案，都是利用人性的欲贪而得逞。比如想要收缩一个人的权势，表面上会给更多的名利来诱惑。

想要削弱你的实力，会给你许多好处、诱惑，让你感觉好像渐趋强大。

想要让你颓废，就不断夸赞你，不断灌兴奋剂、迷魂汤，让你得意忘形。

想要夺走你的财宝，就设法给你甜头，诱你上钩。

你要看透世俗人是怎样在勾心斗角、设计陷害，为了争名夺利而不择手段。如此才可称为明眼人——不害人，也不会被害。

"柔能克刚"的道理很深，要好好去参悟。

鱼不可脱离深渊，鱼若脱离深渊，就易有生命危险。国家的利器，不可炫耀，国家的栋梁之才，也不可炫耀锋芒。

注释

歙：收敛。

微明：心明眼亮。

------------ ❧ 导 读 ❧ ------------

人们对本章内容的理解历来大相径庭。

一种观点认为：老子在这里传授的是诡诈之术；另一种观点则截然相反，认为老子一向主张无为而治、道法自然，怎么可能去教人们耍弄阴谋诡计的手段呢？还有人认为老子在这里讲的是以柔克刚之道。

作为普通人，我们只要存有防人之心，不存害人之心即可。如果外人施难于己，我们只需保持清醒，尽力应对。同时也要防患于未然。天助自胜自强者。

智慧分享

如果有人认为本章老子是在教人权谋之术，就大错特错了。主张"道法自然""无为而治"的老子，怎么突然"变脸"，推销起"厚黑之学"来了？一个合理的解释就是：老子历经人世沧桑，饱尝苦辣酸甜，对世道人心已经看得很深很透，他把世间的人生百态都讲出来，目的在于让更多的人能够引以为戒，以免重蹈覆辙。

第三十七章
无为又能无不为

道常无为，而无不为。

侯王若能守之，万物将自化。化而欲作，吾将镇之以无名之朴。无名之朴，夫亦将无欲。无欲以静，天下将自定。

妙解

道顺其自然，不妄作非为；但大自然的化育，没有哪一样不是道所化育。

王侯若能学道、守道、行道，则政风清廉、上行下效、世风祥和，万物各归其位、自然化育、风调雨顺。

如世风演化到人为造作过多、风气败坏，我会主张效法道的特征特性，即"无名之朴"来促进社会安定，协助百姓淡薄各种贪欲，返璞归真。

施政如能不长养众生欲贪，世风、民心就会渐渐安静下来，社会自然安定。

本章是《道德经》上篇"道经"中的最后一篇，具有特殊的地位。

老子在本章中提出了"道"的核心"道常无为，而无不为"，并以此作为"道经"论"道"的扼要概括。

"道经"内容尽管十分深邃而丰富，但都由"道常无为，而无不为"生发出来。

"无为"，指的是顺应自然而化育万物，这是"道"的运作方式；"无不为"，指的是天地万物皆孕育出来，"道生一，一生二，二生三，三生万物"，这是"道"的运作结果。

君王"无为"，万物就会"自化"（"无不为"）。当世风贪欲盛行，圣人用"无名之朴"来救治，依然是靠"无为"来引导百姓回归清净。

智慧分享

怎样来到"致虚极，守静笃"的境界？《静坐法精义》一书给了这样的提醒：

静中妄念，强除不得。

真体既显，妄念自息。

昏气亦强除不得，

妄念既净，昏气自清。

只体认本性，原来本色。

还他湛然而已。

第三十八章
道→德→仁→义→礼→智→法

上德不德，是以有德；下德不失德，是以无德。

上德无为而无以为；下德无为而有以为。

上仁为之而无以为；上义为之而有以为。

上礼为之而莫之应，则攘（rǎng）臂而扔之。

故失道而后德，失德而后仁，失仁而后义，失义而后礼。

夫礼者，忠信之薄，而乱之首。

前识者，道之华，而愚之始。是以大丈夫处其厚，不居其薄；处其实，不居其华。故去彼取此。

妙解

上等德行的人，因为玉藏石中，所以需要"无德"作为保护色，从而成全了他的道德心。

下等德行的人，需要显示自己的有德，达到现实目的，所以德行上有所亏损。

上德之人，不会干涉侵害他人，而且从真实出发，行为没有太多名利心。

下德之人，看起来也是茕茕而自立，但有自己的目的和意图。

上等仁爱之人，他的仁爱出自本心，自然流露。

上等重义之人，行义气都是为了达到心愿和目的。

上等重礼之人，礼仪得不到回应，伸出手臂用力拽别人，强迫人服从。

内在品质层次如下：保有源自道的清净心灵品质，这是宇宙最高级的内在品质。失去了道，而后降为"德"的层次。失去了德，而后降为"仁"的层次。失去了仁，再降到讲"义"的层次。失去了义，才降到讲"礼"的层次。

人类的心灵品质下降到处处讲礼节、讲礼尚往来，表示社会的忠诚信用（由内而发）已经很薄弱了，表示社会已开始混乱了。

高等心灵品质的人自然而然由内而发的自觉、自我约束，不必过多需要外来的规范；心灵层次降低后，失去自我约束能力，才需外在的礼仪、礼节来规范。再降低的心灵，具有野性，需要硬性的法律条文来规范。学习《道德经》就是要回复到人人本自具足的神圣心灵，回归道的心灵品质。

所以顶天立地之大丈夫为人力求忠厚，而力戒凉薄；为人力求笃实，而力戒华而不实。因而，去彼取此，有所为有所不为。

注释

莫之应：没有得到回应。

攘臂而扔之：伸出手臂，强迫人服从。

首：开端，肇始。

处其厚：重视根本。

居其薄：关注末节。

去彼取此：舍弃浮华，回归质朴。

本章谈不同层次心灵品质的区别。

在老子看来，人的心灵品质可以分成道、德、仁、义、礼等诸多品级。在诸多品级中，道的品级最高，德、仁、义、礼则等而下之。

老子把几个心灵品级的区分讲得很细，区分的标志主要有两个方面，一个是"无为"与"为之"，一个是"无以为"和"有以为"。

在不同的心灵品级中，"无为""无以为"与道合一，"为之""有以为"与道相悖。

智慧分享

一个人，如果只注重梳妆打扮，只留意外在形象，不从精神和心灵层面去丰富自己、提升自己，就很容易成为徒有其表的"绣花枕头""空心人"。

反之，如果"处其实，不居其华"，重视积累，潜心读书，久而久之，人格就会升华，气质就会改变，因为"腹有诗书气自华"。

第三十九章
顺天道 国泰民安 背天道 灾害不断

　　昔之得一者：天得一以清，地得一以宁；神得一以灵；谷得一以盈；万物得一以生；侯王得一以为天下贞。

　　其致之，天无以清，将恐裂；地无以宁，将恐发；神无以灵，将恐歇；谷无以盈，将恐竭；万物无以生，将恐灭；侯王无以贞，将恐蹶（jué）。

　　故贵以贱为本，高以下为基。是以侯王自谓孤、寡、不穀（gǔ）。

　　此非以贱为本邪？非乎？

　　故至誉无誉，不欲琭（lù）琭（lù）为玉，珞（luò）珞（luò）如石。

妙解

古人强调得"一"（得道）到底有多重要呢？

天有道就会清明、无天灾；地有道就会安宁；神有道就会很灵；山谷有道，就会水源充沛；万物有道的滋养，才会生生不息。君王有道，自然凭良心以正天下。这些都是因为有道，一切才能存在。

如果失去了"一"（失去了道），会有什么后果？

天无法清明，恐会崩裂；大地无道就不得安宁，将会有许多灾难发生。神无道则不灵，起不了作用；山谷无道，水源将枯竭。万物若无道的滋养，无法生长，将渐毁灭；君王无道则易成为暴君而遭推翻。

世人认为的高贵，都是以被忽略、被轻视的道为根本。高楼大厦是以被踩在脚下的大地为根基。（地球、山河大地也都是道的化身、显相。没有道的支撑化育，一切无法成立。道就在我们脚底下，默默支撑、化育一切。）所以，君王用"孤、寡、不穀"这样处下谦卑的名称来自称。这都是以效法道处下谦卑的精神为根本来为百姓服务，不是吗？

这就不难理解，为何世人所厌恶的"孤、寡、不穀"的名称，君王却用来自称了。

本应得到最高的称誉，但常人不可以分辨，所以无人称誉夸赞。道演化一切万物、滋养一切众生。我们生命能存活都是道在养育，本来是最值得我们夸赞、称誉、感恩的道，却是如此默默无闻，少人辨识和承认，故而鲜去称誉、赞颂。

悟道明道之人，效法道的特征特性，不会要去争名夺利、不会要去抢风头；虽处下，但也没有丝毫自卑之心。

注释

贞：正，表率，准则。

其致之：推而言之。

导 读

本章谈"合道"的重要，"一"在这里是"合道"的意思。

老子以天地万物为例，第一层写"合道"的好处，第二层写"失道"的后果，两者对比鲜明，反差强烈。

最后，老子用"至誉无誉"等几句，说明最高的称誉就是没有称誉，因此生活中不要像美玉一样乐于璀璨明亮，而要像石头一样安于质朴谦卑，以此告诫为政者应该效法道的属性，返璞归真。

2017年5月14日—15日"一带一路北京高峰国际论坛"的主题曲化用本章语句，于是一首寓意深远的歌曲被人们广为传唱：

天得和以清，

地得和以宁，

谷得和以丰，

人得和以生，

……

智慧分享

除了人以外，天下万物都懂得循道而行。

任何一种花草树木都不急，万物从容。

在一年中，它们都要开花一次，都有属于自己最美丽的瞬间。

它们不提前，也不滞后，不慌不忙，从容不迫。

它们都知道，造物主早就安排好了，每株花草树木只有一次开花的机会，不会多，也不会少。

杏花开放的时候，桃树静静地看着，一点也不急；

玉兰翩翩坠地的时候，杨花柳絮知道它们该纷纷扬扬地登场了。

万物——包括植物与动物，不仅从容，而且自得。你看到过不开心的花朵或有压力的柳树吗？你是否遇到过抑郁的麻雀、自尊有问题的青蛙、无法放松的猫、充满仇怨的布谷？

第四十章
万物源自"空、无"

反者，道之动；弱者，道之用。

天下万物生于有，有生于无。

妙解

　　道是透过正反两极、一阴一阳的互动而创造一切万有。（再细微的粒子，都是阴阳共存。）

　　柔弱的空无，才是道在起作用的部分。

　　地球上所有的植物、动物（天下万物）都是由有形有相的太阳与地球所化育（银河系也会参与）。而有形有相的银河系、太阳系、地球，都是由宇宙本体"空无"所演化而成。科学界最新"无的物理"，正在探讨此领域。

─────────── ◈ 导　读 ◈ ───────────

　　本章是《道德经》八十一章中最短的一篇，虽然只有21个字，但内涵却极为丰富和深刻。其中仅"反"字就包含三层意思：

　　一是相反相成，如"有无相生，难易相成"（第二章）；二是反向运动，如"曲则全，枉则直"（第二十二章）；三是循环往复，如"祸兮福之所倚，福兮祸之所伏"（第五十八章）。

　　"道"正是通过这种永无休止的反向运动，维持着自然生态和社会生态的平衡。

智慧分享

　　在老子眼中，宇宙万物都遵循物极必反的运动变化规律，最终回到原来的出发点，恰如一百八十度和三百六十度两种相对、相接的圆形和半圆形。从天下大势的分久必合、合久必分，到自然现象的日月盈仄、寒暑往来，莫不如此。

　　大自然沧海变桑田，桑田变沧海；花草树木，由荣而枯，枯而复荣；人的一生，从无到有，又从有到无。

　　再看一些常见的社会现象——不少风云人物，一旦得志，便不可一世，及至东窗事发，又跌落尘埃；一些"明星""大腕"，时运一来，很快就大红大紫，可也许时间不长，又突然沉寂，无人问津了。

第四十一章
下士闻道大笑之

上士闻道，勤而行之；中士闻道，若存若亡；下士闻道，大笑之。不笑不足以为道。

故建言有之：

明道若昧（mèi），进道若退，夷道若纇（lèi）。

上德若谷，大白若辱，广德若不足，建德若偷，质真若渝（yú）。

大方无隅（yú），大器晚成。大音希声，大象无形，道隐无名。

夫唯道，善贷且成。

妙解

上等根性（心灵品质）的人一听闻道，就会马上效法、勤奋力行。中等根性的人，听闻道，不会排斥，但也不会珍惜，可有可无。下等根性的人，听闻道，不但不会珍惜，反而加以嘲笑批驳。如果下等根性的人不嘲笑道，那就表示这个道也没什么玄妙了。

所以古之明道者，对悟道行道之人做以下形容：真正明道的人，与世无争，看起来好像愚昧的人。精进修道的人，不断放下各种求取功名的执念，其人看起来好像逐渐在退步。真正在行道的人，是返璞归真的人，看起来与世俗人没有两样。

上等德行的人，没有任何傲慢，总是虚怀若谷。心地洁白纯朴的人，还是会遭受许多辱骂。具有广大德行的人，看起来好像还有很多不完美。明道建德的人，外表看起来没那么积极，好像很怠惰。在切实行道立德的人，因不拘泥一法，看起来好像善变一样。

心量广大的人，其心无边无际，没有界限。对国家、对人类有真正伟大贡献的栋梁之材，通常都要历经长久岁月的磨炼。能唤醒世人的伟大声音，在这世界很稀有。极广大的宇宙本体——"空无"，无形、无相。真正在养育众生的"伟大的道"则是默默无闻地被世人踩在脚下。真正得道之人，不会自我炫耀"我是得道之人"。得道之人与道一样，只是无我无私、无条件、无所求，默默地奉献付出、成就众生。

注释

建言：立言的人。

额：崎岖不平。

偷：偷懒。

隅：棱角，界限。

贷：借贷，引申为帮助、辅助。

◈ 导 读 ◈

本章写不同的人对"道"的不同态度，以及明道之人的特征。

"上士""中士""下士"由于智慧不同，根性有别，对玄之又玄的"道"的认识理解也就千差万别，对道的态度截然不同。

如同"道"把创生万物的伟大蕴藏在平淡无奇中一样，真正的体道悟道者，也是将伟大的心灵品质混融在"道隐无名"中。这样的人、品性，往往不易为人所察觉，甚至被曲解、误解，所谓"大隐隐于市"，就是这个缘故吧。

智慧分享

在各种生命力中，唯有安静最具影响力。阳光静静地普照大地，人的耳朵听不见任何声响，但是它却带给人无限的祝福和行善能力。地球吸引力也是沉默无声的，它没有机器嘎嘎声，铁链的铿锵声，也没有引擎轰隆的噪音，然而它却操纵着宇宙星球按照一定轨道运行不已。

夜晚，露水悄然而降，润泽每一株小草，每一片树叶，每一朵花瓣，使它们焕然一新。它的本源不是轰隆的雷响，而是无声的闪电。大自然的奥秘隐含在安静之中，巨大的力量常常无声无息地进行。自然界的奇迹都是在静谧中酝酿。宇宙巨轮无声地运转。我们处在这个嘈杂的时代，如果想保持圣洁，每天必须有一段孤独安静的时刻 。

——［美］考门夫人《荒漠甘泉》

第四十二章
现代创世纪

道生一，一生二，二生三，三生万物。万物负阴而抱阳，冲气以为和。

人之所恶，唯孤、寡、不穀（gǔ），而王公以为称（chēng）。故物，或损之而益，或益之而损。人之所教，我亦教之。强梁者，不得其死。吾将以为教父。

妙解

现象界一切万物是怎么来的呢？

道（宇宙本体·空无）蕴藏无穷的巨大能量，从空无里面会迅速冒出微细的粒子，不管多么微细的粒子，都是阴阳粒子同时出现（科学界最新"无的物理"已能证明）。

由微细的粒子组成原子、分子→形成巨大的星云，银河系、太阳系也渐渐蕴育出来（都是由道演化出来）。

有"太阳·地球·虚空"此三者的化育，地球上的植物、动物、万物就逐渐诞生出来。

万物都是阴阳（雌、雄）同时出现，而且万物本身又都含有阴阳属性。（男女本身都具有阳脉与阴脉；体内的"气"属阳，"血"属阴。）不管阳性、阴性，都需要道的无形的能量来充满全身，生命才能存活，才能和谐运作。

宇宙的运转法则维持动态的平衡。万物透过相生相克，以维持动态平衡与和谐。所以若单一元素（物种）太过强盛，大自然就会有能相克的物种出现来削减之，以维持平衡。若单一元素太虚弱，大自然就会有一股力量来助益之，以达到动态平衡。

"宇宙的真理实相、宇宙的运转法则"，凡是悟道、明道之人都会教导世人明白。我同样将我所悟之道，教予世人明白。

凡是自恃己强、傲慢、横行霸道的人，往往不得善终。逆天之道而为，就会自讨苦吃、自招灾祸。我将协助人类明白道、明白宇宙亘古不变的运转法则，以助顺天之道而为。

注释

强梁：刚强。

教父：施教的根本。

⟨ 导　读 ⟩

　　"道生一，一生二，二生三，三生万物。"是千古名句，也是老子发现的宇宙真理。

　　道不仅创生万物，而且维持万物的动态平衡、生生不息。

智慧分享

　　我信仰那个在存在事物秩序与和谐中显示出信仰和爱的上帝，而不信仰和人类的命运、行为有牵连的上帝。

——爱因斯坦

　　在爱因斯坦看来，上帝就是自然界的秩序与规律，即"道"，而不是世俗的"神"。

第四十三章
柔软胜刚强　无为胜有为

天下之至柔，驰（chí）骋（chěng）天下之至坚。

无有入无间（jiàn），

吾是以知无为之有益。

不言之教，无为之益，天下希及之！

妙解

　　天下至柔的东西，能驾驭天下至为坚硬的东西。密度再高、再坚硬的东西，"空无"都能贯穿，都能驾驭。（所有物质，包括最坚硬的钻石，其分子、原子里面都有巨大的空间。如无"空无"的支撑，所有原子、分子都不存在。也就是：若无"空无"的贯穿、支撑，所有物质都无法存在。）

　　从道的"空无"所起的妙用与重要，让我体悟到"放空自我、不让自我去妄作非为"的好处。

　　大自然（道）就是没有文字的"无字天书"，大自然不是用语言、文字在说教，而是以身作则在示现。大自然（道）呈现无我无私、无为又能无不为的启示，很少人能读懂，很少人能领悟出。

━━━━━━━ ⊰ **导 读** ⊱ ━━━━━━━

"至柔"的"道"（空无、宇宙本体），却能驾驭、贯穿"至坚"的万物，老子由此领悟到"无为"的妙处与伟大。

智慧分享

白居易和苏东坡在诗中不止一次提到"心安"二字。白诗有"我生本无乡，心安是归处""无论海角与天涯，大抵心安即是家"。苏诗有"心安是药更无方""此心安处是吾乡"。这里的"心安"应该与老子的"无为"相通。《道德经》八十一章，多次提及"无为"。大道无为，日月生焉；天地无为，万物生焉。对于个人而言，"无为"就是顺应自然规律，脚踏实地地做事，最大可能地发挥生命的意义，而不去妄作非为、胡来乱来。白居易、苏东坡为政忠州与杭州，体恤百姓，勤政爱民，留下了"白桥""苏堤"，至今传为美谈。

第四十四章
追逐名利丧生命

名与身孰（shú）亲？身与货孰多？得与亡孰病？

是故甚爱必大费，多藏必厚亡。

知足不辱，知止不殆，可以长久。

妙解

虚名与生命，哪一种与自己更亲近？

生命与身外的金银财宝，哪一样更珍贵？

过分谋求名利而丧失生命，值得吗？

为了得到更多心中的挚爱，就要付出惨痛的代价。人若贪得无厌，就会失去更多，甚至丧命。

能知足的人，不会受到侮辱。

能知进退的人，不会冲向灾祸。

知足常乐，其生命与功德都可长保。

注释

病：害。

导　读

本章老子谆谆告诫世人，如果为了追逐外在的名利、权力、情欲，而损耗生命，就是背"道"而驰，得不偿失。拯救的办法，就在于"知足"与"知止"。唯有如此，才可以获得长生久安。

智慧分享

我们的祖先太有智慧了，往往只用几个字就揭示出一个很深的道理，比如"利令智昏"。虽然寥寥数字，却写出了物欲的可怕力量。它可以左右人的行为，弱化人的心智，让一个聪明绝顶的人变蠢变笨，最终沦为财货名利的忠实奴隶。

比如清朝巨贪和珅，凭着精明过人得到乾隆皇帝赏识，很快便执掌重权。但为官24年，所贪银两竟然高达15亿，是清朝当时十多年的财政收入。按说一个心智正常的人会想到，要这么多银子干嘛？纵是活个千年万年，也花不完啊。可和珅仍然欲壑难填，结果49岁就被赐自尽，真是"甚爱必大费，多欲必多亡"。

第四十五章
欣赏完整之美

大成若缺，其用不弊（bì）。

大盈若冲，其用不穷。

大直若屈，大巧若拙，大辩若讷。

静胜躁，寒胜热。

清静为天下正。

妙解

伟大的道（大自然）看起来好像有许多缺点，但大自然的创造力却无穷，而且零废物、零污染。宇宙本体"空无"，看起来像是空虚无物，但内藏无穷尽的巨大能量，而且妙用无穷。

悟道行道之人，有良心，其心正直，但不与人争强斗胜，所以看起来像似柔弱曲屈的人。

明道之人，是充满巧妙创造力的人，但因不用世俗那套技巧，所以易让人觉得很笨拙。行道之人，是拥有高等智慧的人，不会与世人争辩什么，所以看起来像个木讷的人。

冷静才能让躁动平息下来，清凉能让热烫冷却下来。（浮躁、冲动，易成为境界的奴隶。）

心灵清净、身心宁静的人，自然流露一股凛然正气，可为天下模范。

注释

成：完满。

盈：满。

冲：空虚。

讷：口吃。

正：准则，楷模。

导读

"道"表面上"若缺""若冲""若屈""若讷",实际上却无穷无尽,创造力无限。

老子认为,要达到心灵品质的含藏内敛,关键在于以静胜躁,因为"静而后能安,安而后能虑,虑而后能得"(《大学》)。

智慧分享

2017年6月17日《光明日报》报道了这样一则消息:"日前,一张普通的照片经社交媒体发酵后,在网络上引发了广泛关注。照片中一位满头白发衣着朴素的老先生,在高铁二等座上埋头翻看资料,同时笔耕不辍地进行演算。"

令人感叹的是,这位老先生不是别人,正是"中国摄影测量与遥感测绘行业的泰斗,曾两获国家科技进步一等奖,其多项重大科研成果填补了国内空白,结束了中国先进测绘仪器全部依赖进口的历史"的大名鼎鼎的刘先林。

在这个人心浮躁、物欲熏天的繁华世界里,保持内心的宁静越来越成为一种稀缺的品质。刘先林先生虽然已经登上事业的顶峰,但依然一副"大盈若冲"的风范,保有清净的本心。格言"清能早达""静流则深"说的都是这个道理。

第四十六章
迷→一无所有　悟→一无所缺

天下有道，却走马以粪；天下无道，戎马生于郊。

祸莫大于不知足，咎（jiù）莫大于欲得。

故知足之足，常足矣。

如果把"道是什么？道与我们生命有何密切关系？"的真理实相，透过教育而全面推广开来，世人就会了解我们都是同根同源的兄弟姊妹，我们都是生命共同体，自然会以爱己之心普爱一切世人。这个世界就不会有战争，所以那些战马不必上战场，就可以用来耕田。

如果对于道的认知教育没有推广开来，世人对于生命实相（命运共同体）的认知就会错误，导致不断地互相攻击、厮杀，国与国之间冲突对立，战乱就会不停，所以母马也要被逼上战场，在战场荒郊生小马。

大至国家，小至个人，为什么会招来杀身灭亡之祸？主要都是因为"不知足"。贪得无厌、一直要侵扰他人，必然会招来不好的后果。

真正体道悟道的人，就会找到生命中最珍贵的道。了解生命实相后，自然安心、自在，处处知足，时时刻刻都知足。那种与道合一的幸福快乐是无处不在的，常常都怀有自然的、由衷的感恩与知足。

却：退。

走马：战马。

以粪：耕田。

戎马：军中母马。

导 读

本章用"却走马以粪"和"戎马生于郊"，对照出了"有道"和"无道"的结果。而深层的原因，在于"祸莫大于不知足，咎莫大于欲得"。古往今来那些贪腐之徒如果懂得这个道理，哪有最终的东窗事发、银铛入狱？

最后，老子用"知足之足，常足矣"告诉我们：真正的知足，不是嘴巴上说"知足，知足"聊以自慰，而是心里面真正感到一无所缺而安心自在。

智慧分享

海面上，鲸遇到了一群身体瘦小的沙丁鱼，便张大嘴巴穷追不舍，离海滩越来越近了，鲸却浑然不觉，直到巨大的身体因为惯性冲上海滩而搁浅。

韩信就是这样一头巨鲸。萧何月下追得韩信，使他在波澜壮阔的历史舞台上有足够的空间展示自己的才华，"十面埋伏"、"四面楚歌"……项羽的一次次失利见证了他的军事奇才，他也一路"揽得名利归"，跻身王侯，名扬天下。然而，他并未就此打住，因为利欲"沙丁鱼"的诱惑，他忘记了"搁浅"的危险，在王位被削之后一直耿耿于怀，甚至想铤而走险，最终，"不知足"给他带来了灭门之"祸"。

第四十七章
万物静观皆自得　莫向心外求

不出户，知天下；不窥（kuī）牖（yǒu），见天道。

其出弥（mí）远，其知弥少。

是以圣人不行而知，不见（jiàn）而明，不为（wéi）而成。

妙解

大自然、现象界的一切（大地、流水、太阳、空气、山河、日月星辰……）都是道的显相、道的化身。如明白道是无所不在，则不必出远门就能知天下大道。不开门窗也能见到"天道"，因为道无所不在。我们每天每个当下，都浸润在道里面；如同鱼，浸润在大海里面。（孔子也说过：道从来没有片刻离开过我们。）

如果觉得要出远门、要上山下海到处去找、到处去修，才能找到道，有此观念的人，表示他不知道是什么，不知道就在眼前，遍及一切。所以跑越远要去找道，表示他对真正的道所知越少。（如同海中鱼，很辛苦地到处去找"大海"。）

所以有道的圣人，不必远行就能知道；不必到处去观察、考察，就能明白道在哪里、道的特征特性。不必努力修道，就能与道合一、得到道。

━━━━━━━━━━ ❖ **导　读** ❖ ━━━━━━━━━━

本章讲回到当下的重要。

老子认为，通过回到当下，人们向内反观自照，以虚静的心境去观照万物，道的无穷奥妙就会尽呈眼前，而不需要向外去苦苦寻觅。

这是老子通过实修实证发现的到达真理之路。

智慧分享

怎样"塞兑闭门"？南宋著名丹经学者白玉蟾的"和合四象"可为借鉴：

含眼光，

凝耳韵，

调鼻息，

缄舌气，

是为和合四象。

眼不视而魂在肝，耳不听而精在肾，舌不味而神在心，鼻不香而魄在肺，四肢不动而意在脾。

庄子曾经感叹道："圣人之心静乎，天地之鉴也，万物之镜也！"

第四十八章
为道达空起妙用

为（wéi）学日益，为道日损，损之又损，以致于无为。无为而无不为。

取天下常以无事；及有其事，不足以取天下。

妙解

世人努力为学、修行，会让自己觉得日有所长、收获渐增，有更多成就感。也容易让人滋长傲慢、自负，强化自我意识。

真正的学道、修行的过程却是"日渐减损"。把我们错误的认知、观念、心态、行为，加以反观照见，一一地去除掉、净化掉。（就是那些错误的知见、观念、心态，妨碍自己，使自己不识道、找不到道。）

修为"道"，每天都减少一些对外的索求，不在外物上强加过多个人意志，就容易觉悟道的真相。

明道之人，体悟到"无为"的深意，体悟到一切生命的神圣……自我（小我）意识彻底消泯，当下与道合一、安心自在。从此一个崭新的生命、神圣的生命诞生出来。从此自然会无我无私地奉献、服务与回馈。

君王要摄化天下百姓，必须体悟到"道本具足一切""世上本无事，庸人自扰之"的道理，才能正确引导百姓返璞归真、安心自在。如不知"道本具足一切"，就会用小我的意图去滋扰百姓，形成越帮越忙、越做越乱的局面，无法安抚天下民心。

本章论述"为学"与"为道"的不同。

在老子看来,"为学"是追求外在的知识,是在做"加法"(日增);"为道"是要放下抓取,净化心灵,是在做"减法"(日损)。

老子借此强调"无为"的重要。

智慧分享

什么叫"为道日损",《庄子·在宥篇》里讲的很精彩。

至道之精,窈窈冥冥;至道之极,昏昏默默。无视无听,抱神以静,形将自正。必静必清,无劳女形,无摇女精,乃可以长生。目无所见,耳无所闻,心无所知,女神将守形,形乃长生。慎女内,闭女外,多知为败。

这段话翻译过来就是:

至道的精髓是深远暗昧的,至道的极致是静默沉潜的。视听不外用,保守精神的宁静,你的形体自然会康健。静虑清神,不要折腾你的形体,不要耗费你的精神,才能够长生。眼睛不被眩惑,耳朵不被骚扰,内心不多思虑,你的精神就会守护着形体,形体才能够长生。持守内在的虚静,弃绝外在的纷扰,如果自作聪明胡思乱想就会破功。

第四十九章
慈悲大爱　善待万物

圣人无常心，以百姓为心。

善者吾善之，不善者吾亦善之，德善。

信者吾信之，不信者吾亦信之，德信。

圣人在天下，歙（xī）歙（xī）焉，为天下浑（hún）其心，百姓皆注其耳目，圣人皆孩之。

妙解

有道的圣人，不会一成不变、固执地墨守成规，会视各种因缘情况而加以调整。把百姓放在他的心中，体恤民情、民需。

善良的人，我们善待之；不善良的人，我们也善待之。此乃真正"善"的德行。

讲信用的人，我们信任之；不讲信用的人，我们也信任之。此乃真正"信"的德行。

（不善、不讲信用之人，各有其因缘，我们了解、包容，让他们有机会可以改过向善。）

有道的圣人，是憨厚老实、有广大包容心的人，以慈悲大爱之心善待天下百姓。所以自然得到百姓的景仰与爱戴。有道的圣人，也如同天地父母一样，把天下百姓皆视同家人、子女般地爱护。

本章写圣人对待百姓的态度。

圣人以平等心善待一切众生，把百姓都当作孩童一样用爱心对待。人们应该向圣人学习，收敛自我的欲念，破除以自我为中心的观念，以慈悲大爱之心，善待他人。

智慧分享

什么叫作"以百姓为心"？下面这段话可以作为诠释。

让人们拥有

"更好的教育，

更稳定的工作，

更满意的收入，

更可靠的社会保障，

更高水平的医疗卫生服务，

更舒适的居住条件，

更优美的环境，

更丰富的精神文化生活。"

——习近平

第五十章
仁者无敌

出生入死。生之徒，十有三；死之徒，十有三；人之生，动之死地，亦十有三。夫何故？以其生生之厚。

盖闻善摄生者，陆行不遇兕（sì）虎，入军不被（bèi）甲兵。兕无所投其角，虎无所措其爪（zhǎo），兵无所容其刃。夫何故？以其无死地。

妙解

从出生到死亡，过完人的一生。

人的一生，可大概分三种。三分之一的人，活得很幸福很快乐，活出了生命的意义。有三分之一的人，人生过得很迷茫，生命如同行尸走肉，身体虽能移动，其心却已死亡。也有三分之一的人，整天一直地忙碌劳作，总有忙不完的事、操不完的心，一直操劳到死去。为何如此？因对生命实相不了解，一直贪生怕死、千方百计要执取生命。

明道之人，参透生死大事，爱惜自己的生命但不抓取。爱护自己的生命，也将心比心地爱护所有生命，心中无偏见、无私念。所以由衷爱护一切生命、散发慈悲大爱磁场的人，走在路上不会遇到凶猛的老虎，进入军旅，也不会被伤害。就算遇到猛兽，猛兽也不会攻击他。（动物能感受人类所散发出的是什么样的磁场。凶猛野兽如感受到此人无敌意、无威胁，且是友善的，它们大多不会攻击人。植物、流水也有感受能力。）

为什么能做到不被兵器猛兽所伤害？因为心中没有二元对立的观念、心中没有敌人、没有丝毫伤害之心，只有慈悲大爱之心，所以自然处在没有死亡威胁的世界。

注释

动：妄为。

生生：养生。

被：遭受。

投：安放。

措：安放。

容：用。

─────── ❧ 导 读 ❧ ───────

　　本章告诉人们要懂得珍爱生命，但不可过分地执取生命。

　　所谓过分地执取生命，指那种对于个体健康得失过于关注，对死亡充满恐惧，心中整天焦虑不安，结果反而事与愿违，使生命质量受到戕害的做法。

　　珍爱生命的人，心态平和安详，事事顺其自然，不会贸然误入险地、险境，因此遭受威胁、风险的几率大为减少，生命自然不容易受到伤害。

智慧分享

　　什么是不"善摄生"呢?《重返狼群》的作者李微漪说过的几句话很是发人深省。

　　有人说拆开"盲"这个字，就是目和亡，眼睛死了，所以看不见。如此想来拆开"忙"字，莫非是心死了?可是眼下人们都在忙，为名，为利，却很少停下来聆听自由。不敢想人心已死，奔波又有何意义?聪明的古人把很多哲理和秘密都嵌在了文字里，等着我们去破译。

第五十一章
天地父母恩

道生之，德畜之，物形之，势成之。

是以万物莫不尊道而贵德。

道之尊，德之贵，夫莫之命而常自然。

故道生之，德畜之；长之育之；亭之毒之；养之覆之。

生而不有，为而不恃，长而不宰。是谓玄德。

妙解

道能生化万物，也自然流露畜养万物的慈悲大爱的德行。在"道生、德畜"之后，自然形成形形色色的万物。生态环境又会让万物生生不息。

万物之所以能成为万物，都是因为"道生、德养"之故，所以万物自然尊天敬地、尊道而贵德。（犹如孝顺父母。）

能生化万物、最令人尊敬的道，与能畜养万物、最高贵的"德"，我们不用给予命令、主宰，它们会自然而然、法尔如斯地运作。

所以道生化万物，德畜养万物，这就是天地父母在生养化育万物的具体呈现。

天地父母（道）生养万物的特征特性：生养万物、众生，而没有要占为己有；有很多成就万物的德行，但没有丝毫自傲、自恃己能；长养万物，但不会去主宰，让众生自由选择、自由发挥。

如此无我无私、无主宰欲的伟大品德，只能用"玄德"来形容。

注释

形：表现，呈现各种形态。

覆：保护。

◆ 导 读 ◆

宇宙本体·空无，称为"道"；创生万物、养育万物，这是道的伟大德行，称为"德"。

"道"与"德"不仅创生万物，而且无我无私地养育万物，因此万物莫不尊天而敬地，尊道而贵德。

智慧分享

恩格斯说过这样一段话：

物质任何有限的存在方式，不论是太阳或星云，个别的动物或动物种属，化学的化合或分解，都同样是暂时的。而且除永恒变化着、永恒运动着的物质，以及这一物质运动和变化所依据的规律外，再没有什么永恒的东西。

恩格斯对于瞬间和永恒的论述，对于如何理解"道"有一定启发性。

第五十二章
了悟生死大事→安心自在

天下有始，以为天下母。既得其母，以知其子，既知其子，复守其母，没身不殆（dài）。

塞（sè）其兑（duì），闭其门，终身不勤。开其兑，济其事，终身不救。

见小曰明，守柔曰强。用其光，复归其明，无遗身殃。是为习常。

妙解

天地、太阳系有个肇始的源头。道就是天地、太阳系的源头，又可称为天下万物之母。

明白现象界、一切万物都是由道所生化，就知道道为母、为源头，现象界一切万物、众生，都是道之子。

明白现象界一切万物、包括你我他都是道之子，也就找到了天地父母，找到了生命的源头。与天地父母合而为一，生命安心自在，自然与天地共存，融入不生不死的世界。（所谓的"得道"就是如此。）

不要自作聪明，不用小我狭隘的感官思维去运作，就能终身受用不尽。如自作聪明、用小我自私狭隘的感官思维去运作，一生就会忙个没完没了，忙到累死。

能从眼前一花一草一物的小处就见到道无所不在，这是明道之人。（庄子说：道在屎尿中。）

能实践"柔软、不争"的功夫，这才是真正的强者。

以道为体、为依归，活出生命的喜悦、神圣，让生命发光。凭良心、顺天之道而为，不做任何伤害他人之事，自然不会有恶的果报。

这是学习道的特征特性，体道、悟道、行道的具体呈现。

注释

没身：终身。

兑：感官孔窍。

济：助，助长。

复归其明：返照内在的清明。

遗：带来。

习：承袭，保有。

⟨ 导 读 ⟩

本章从三个层面说明守道的重要。

首先从道的本原写起，告诉人们与道合一，可以得到安心自在，"没身不殆"；再写守道的途径，要"塞兑闭门"，感官内敛，便可"终身不勤"；最后写守道的结果，可以让人"无遗身殃"。

智慧分享

静下来，我们会蓦然发现，平日自己的脑子里竟装了那么多没用的东西，即使有用的东西也堆放得杂乱无章。"发现"之后，顿时我们会觉得天地廓开，大脑的"容量"无限广阔，自身的发展潜力无限。我们会感到天空是蔚蓝的，流水是澄碧的，大地是翠绿的，日月是常新的，周身是恬适的，心灵是净化的，生活是多彩的，人生是幸福的。

第五十三章
无明众生背道而驰

使我介然有知，行于大道，唯施是畏。

大道甚夷，而民好径。朝（cháo）甚除，田甚芜，仓甚虚，服文彩，带利剑，厌饮食，财货有余，是谓盗夸。非道也哉！

妙解

令我坚定、清醒明觉地行于大道的原因，是因为看到世人常戴着假面具、勾心斗角、不断争名夺利，让我心生畏惧。

道是这么的好，"大道"是无比宽敞、坦荡、安全；无奈一般人偏偏喜好崎岖的小径、邪径。

朝政腐败贪污，田园也荒芜了，粮仓也空虚了。但爱慕虚荣的人比比皆是，内心空虚苦闷，却穿着华丽的衣服，佩戴利剑。许多人吃不饱，有的人却吃到对食物厌腻了。很多人生活难以为继，有的人却大量囤积物资、财宝。

并非基本生活所需，而是因爱慕虚荣和攀比、喜好奢侈浮华，故而过度耗费资源，这算是对天下资源的一种剥夺和奢用。这是背道而驰的行为。

注释

介然：稍微。

施：通"迤"，邪，歪道。

除：混乱。

厌：饱足。

盗夸：大盗。

本章描述了种种背道而驰的行为，可以供世人反思和自省。

本可以走光明坦荡、无私无欲的大道，但因常常陷于名利私欲的无明状态，走上小径邪路，这值得每个世人引以为戒。

智慧分享

医圣张仲景关于"静"的论述，和老子可谓异曲同工：

人之动，以静为主。

神以静舍，

心以静充，

志以静宁，

虑以静明，

其静有道——

得己则静，逐物则动。

第五十四章
德泽天下　造福万代

善建者不拔，善抱者不脱，子孙以祭祀不辍（chuò）。

修之于身，其德乃真；修之于家，其德乃余；修之于乡，其德乃长；修之于邦，其德乃丰；修之于天下，其德乃普。

故以身观身，以家观家，以乡观乡，以邦观邦，以天下观天下。吾何以知天下然哉？以此。

妙解

　　善于建房的人，其建筑不易拔除毁坏。善于抱持的人，其怀中之物不易脱手。子孙为祖先祭祀不辍，怀恩长久。秦国李冰父子修筑都江堰，造福万代。两千多年后，百姓仍供奉二王庙祭拜之。

　　修道、行道之人，如把道的精神特征实践出来，净化自己、改变自己，表示其人所修的道、所行的德是真实的。如其德行能让家人受益，表示其德渐增。如其德行能让乡里百姓受益，表示其德泽渐长远。如其德行能让全国百姓受益，表示其德丰沛。如其德行能让天下人受益，表示其浩瀚之德能普及天下苍生。

　　人同此心，心同此理。如能用清净的心来了解自己，就能同样了解别人。能清楚了解自己的家庭所需，也就能了解别人的家庭所需。能了解自己的乡里，就能了解其他乡里。能清楚观察自己的国家所需，也能将心比心了解各国所需。从我们所处的天下深入观察，就能明白更广大的天下。

◆〈 导 读 〉◆

　　本章讲悟道得道之人，可以无我无私之心普惠天下、造福万代。

　　第一段是总提，用"善建者不拔，善抱者不脱"两句告诉人们这样的道理：凡事耐心钻研，用心诚心，就能根基牢固，不易动摇。如果是在心里保有道的品质，与道合二为一，就不容易有所偏失。

　　接下来老子指出，在个人修身的基础上推己及人、将心比心，可以逐渐达到安邦治国、普惠天下。

智慧分享

　　《论语》中有句"吾日三省吾身"的格言，讲每天自我反省、检点的重要。但晚清理学家唐鉴认为，这种反省检点要取得理想的效果，前提是要静下心来，否则，每天再多的反省检点，也会疏漏万端。

　　若不静，

　　省身也不密，

　　见理也不明，

　　都是浮的，

　　总是要静。

第五十五章
找回赤子心　纯真无邪

含德之厚，比于赤子。毒虫不螫（shì），猛兽不据，攫（jué）鸟不搏。骨弱筋柔而握固，未知牝（pìn）牡之合而朘（zuī）作，精之至也。终日号（háo）而不嘎（shà），和之至也。

知和曰常，知常曰明。益生曰祥。心使气曰强。

物壮则老，谓之不道，不道早已。

妙解

含丰厚德行的人，其心会回归到像儿童一样的纯真可爱、天真无邪。

婴儿、儿童时期的天性最完全，处在纯真无邪、没有二元对立、没有瞋心的状态。在天真无邪的儿童的心目中，没有毒蛇、猛兽的观念，不但不会怕，对它们同样好奇友善，认为都是可以一起玩的好朋友。所以毒虫不会刺他们、猛兽不会咬他们、猛禽不会攻击他们。

婴儿的筋骨还很柔弱，但他们握拳头却很有力。婴儿不知男女交合之事，但他们的生殖器常很饱满，这是因为他们的精气饱满。婴儿就算常常嚎啕大哭，也不会声音沙哑，因为他们处在太极阴阳非常调和的状态。

从个体到万物、大自然，都是阴阳调和、万物和谐共存共荣。若了悟"和谐"的深义，就知道了宇宙恒常的运转法则。悟透宇宙恒常运转法则的人，就是明道之人。

知道"和"的真理，并用来养生保健，必得吉祥。（不知和之理，就会偏颇。）刻意用心念去引导气，这是一种勉强、逞强。

事物达到发展巅峰就会渐趋衰退，如果这种衰退对外界有危害，不如及早停止。

导 读

本章老子以赤子为喻倡导无为。

老子认为，道德涵养深厚的人，如同婴儿一样纯洁真实清净，也只有这种内在的纯洁无瑕、柔和宁静，才能让人精力充实饱满，心神得以凝聚，心态得到平衡。这是能够防止外界的各种伤害，以免遭遇各种不幸的。

智慧分享

明末学者唐彪有一段关于"静"的名言，照录于下：

心非静不能明，

性非静不能养，

静之为功大矣哉。

灯动则不能照物，水动则不能鉴物。

静则万物毕现矣，惟心亦然。

动则万理皆昏，静则万理皆澈。

第五十六章
同流而不合污

知者不言，言者不知。

塞其兑（duì），闭其门，挫其锐，解其纷，和其光，同其尘，是谓玄同。

故不可得而亲，不可得而疏，不可得而利，不可得而害，不可得而贵，不可得而贱。故为天下贵。

妙解

真正明道的人，不会喜欢与人争辩道是什么。喜欢争辩道是什么的人，表示还不知道道是什么。

真正明道、与道合一之人，回归到先天的纯真心灵。凡有言说、行为，皆从清净心灵流露出；与一般人用自我意识、用感官在运作不同。

所以停止用自我意识去思维，关闭过去只用眼看、用耳听的感官门户，用心灵看、用心灵听。挫掉喜好出风头的锐气，凡事化繁为简。

喜好回归单纯自然，不会想要自我凸出，所以含光内敛，同流而不合污。呈现出玄妙的"和光同尘"，做一位平凡、平实、平淡的真人。

明道（与天地合一）之人，其人就如太阳、如山河大地一般。我们能让太阳和我们更亲密吗？能让太阳疏离我们吗？我们能对太阳有更多利益吗？我们能伤害到太阳吗？能让太阳变得更高贵吗？能让太阳变得很卑贱吗？……答案大家都知晓。

明道、有道之人，因不缺什么，所以不会被世俗的名利、权势、褒贬所动摇。这是地球上多么珍贵的心灵品质啊。

导读

老子说的"玄同"是一种与道合一、回归纯净自然的心灵状态。

怎样达到这种状态呢？老子出具的"药方"是：收敛锋芒，解除纷扰，淡化自我，融入天地。具有这种心灵品质的人，自然会超越亲疏，不被贵贱、得失、利害所左右。

这是多么难能可贵呀！

智慧分享

怎样通过"塞兑闭门"，来到"致虚极，守静笃"的境界呢？苏轼这样现身说法：

"又用佛语，及老聃语，视鼻端白，数出入息，绵绵若存，用之不勤。数至数百，此心寂然，此身兀然，与虚空等……或觉此息，从毛窍中，八万四千，云蒸雾散。无始以来，诸病自除，诸障渐灭，自然明悟。"

——苏轼《养生说》

第五十七章
条框越多社会越乱

　　以正治国，以奇用兵，以无事取天下。吾何以知其然哉？以此：

　　天下多忌讳，而民弥（mí）贫；朝多利器，国家滋昏；人多伎巧，奇物滋起；法令滋彰，盗贼多有。

　　故圣人云：我无为，而民自化；我好静，而民自正；我无事，而民自富；我无欲，而民自朴。

妙解

治理国家要讲究正派、正法；用兵则讲究出奇制胜。若要治理天下，则要明白"天下本无事"的道理，顺天之道而为才能得天下民心。武力、法令只能不得已而用之，治理天下要用德行。

我为什么能知道这些原理？看看社会乱象是怎么来的：社会如充满各种迷信、禁忌，百姓就会被各种迷信、禁忌捆绑，不敢放手正常生活工作，百姓就会越加贫穷。

朝廷上下文武百官，若一直在耍权谋、勾心斗角，国家就会政治昏暗、混乱，陷入危机。

世风如崇尚各种人为的智巧、技术，各种违背天地之道的奇巧邪物就会滋长。

法令条文越多、越严苛，设法钻营法律漏洞的就越多，盗贼也会越多。

有道的圣人因明了"天下本无事，庸人自扰之"，故云："我不必用那些有为之法去管理，人民会自动化育；我喜好宁静，人民也会逐渐端正；我尊重百姓，不用强势去干扰，人民自然渐渐富裕；我与世无争，不要心机、不勾心斗角，百姓自然回归纯朴。"

注释

正：清净之道。

忌讳：禁令。

利器：权谋。

滋彰：明显周密。

本章谈清静无为的治国之道。

治国如过于倚重权术、政令严苛，社会就会乱象丛生，危机重重。

反之，如果用"无为""好静""无事""无欲"之道治国，百姓将自化、自正、自富、自朴，天下太平，国泰民安。

智慧分享

记得这样一个禅宗故事。

在一座寺庙里，有一位禅师和一小和尚。有一天，小和尚对禅师说："师傅，咱们这里太荒凉了，种些草吧。"禅师瞅了他一眼说："随便。"小和尚把草籽洒播在院子中。不久，飞来几只鸟儿，啄着地上的草籽，小和尚急忙跑到禅师的跟前说："师傅，鸟儿在啄我们的草籽。"禅师坐在打坐垫上说："随意。"几天之后，寺院里刮来一阵风，把草籽吹向天空，小和尚又急了，赶快禀告禅师，禅师还是静坐在那里，说了句"随缘"。转眼间，春天到了，看着寺院中的一片嫩绿，小和尚不禁喜出望外，他把这个喜讯报告给了师傅，这回禅师连眼睛都没睁，只淡淡地说了一句"随喜"。

这个故事有着丰富的寓意。

对同一件事，小和尚一惊一乍，坐立不安；禅师则波澜不惊，心无旁骛，咬定青山不放松。最终随顺因缘，无为而无不为。

第五十八章
莫从片面下论断　超越逻辑狭窄观

其政闷闷，其民淳（chún）淳；其政察察，其民缺缺。

祸兮，福之所倚（yǐ），福兮，祸之所伏，孰知其极？其无正。正复为奇，善复为妖。人之迷，其日固久。

是以圣人方而不割，廉而不刿（guì），直而不肆（sì），光而不耀。

妙解

国君施政作风憨厚、法令宽厚，则百姓自然呈现敦厚老实。

国君施政作风严苛、法令严峻，则百姓呈现冷漠、人情淡薄。

表相看起来是灾祸，但若用智慧与爱心去面对，往往坏事又变成好事。

表相看起来是好事，但若骄傲、自负、得意忘形，往往好事又变成坏事。是福是祸，到底有没有一个绝对不变的标准与界定？没有绝对的界线。白天与黑夜会相互转变，其间有个绝对的界线吗？

要知道：世间、世俗的一切人事物都会流动变化。好事会变坏；坏事也会变好。好人也有可能变坏；坏人也有可能变好。世人迷执，不知此无常变化之理已经很久了。

有道的圣人明白：没有绝对的福，没有绝对的祸；没有绝对的好人，没有绝对的坏人。所以内心方正，但不把"福、祸、好、坏"截然割裂开来。内心廉洁，但不拿自己的廉洁去伤人。内心正直，但不会去刺伤别人。生命自然闪烁光芒，但会含光内敛，不会炫耀。

注释

极：终极，究竟。

正：方正，标准。

奇：邪，斜。

妖：邪恶。

割：伤人。

廉：锋利。

刿：戳伤。

肆：放肆。

导 读

本章句句闪烁着超越世俗观念的高等智慧之光华。

老子认为，祸福、正邪、善恶看似相互对立，实际是相互依存，相互转化。万事万物不断地变化、转化，这是宇宙的规律。

老子提醒人们要从显象中透视内里，不要为表面现象所迷惑。要保有清醒、觉照的心，超越表象与幻象，了知变化、变易、转化的真理。

"方而不割，廉而不刿，直而不肆，光而不耀"，更是人们为人处世的内心准则。

智慧分享

真人之心如珠在渊，
常人之心如瓢在水。
　　　　　　——苏轼

第五十九章
勤俭积德国运兴

治人，事天，莫若啬（sè）。

夫唯啬，是以早服。早服，谓之重积德。重积德，则无不克。无不克，则莫知极。莫知其极，可以有国。有国之母，可以长久。

是谓深根固柢（dǐ），长生久视之道。

妙解

不管是治理百姓抑或祭拜天地，倡导勤劳节俭的精神最重要。能提倡勤劳节俭的人，是因为明白天地父母化育万物、养育子女的鸿恩浩德。因臣服，所以效法天地父母，默默地为众生服务。

因无我无私默默地为众生服务，所以不断地累积许多阴德。不断积累许多阴德，受其阴德福佑的人越多，愿意与之共襄盛举的人力、资源也越多，形成一股非常强大的力量。这股巨大的力量可以用来成就许多事情。至于其影响力有多大，则不可限量。能积累丰厚阴德的人，自然深得民心，可以授予国家重责大任。

此种厚德明君，倡导勤劳节俭，会保有国家的雄厚资源。人人勤劳节俭、不浪费珍贵资源，这个国家就可长保安泰。这就是让国家根基牢牢扎稳，立国千秋之道。也是个人养生、保健、长寿之道。

◈ 导 读 ◈

老子认为，无论"治人"还是"事天"，全在一个"啬"字。

"啬"就是俭。"俭"是老子的"三宝"之一（见第六十七章），应包括感恩惜福与收摄精神于一体，既珍惜与善用大自然的馈赠，又精神内敛，涵养天机（韩非子在《解老》篇解释为"爱惜精神，节省智识"）。

不懂得"啬"的重要，于己会没有节制，虚耗身心；于世界会过度消耗大自然的资源，而无法永续昌荣。无论对个人还是国家，这都不是理想的"长生久视之道"。

智慧分享

偶　成

程颢

闲来无事不从容，睡觉东窗日已红。

万物静观皆自得，四时佳兴与人同。

道通天地有形外，思入风云变化中。

富贵不淫贫贱乐，男儿到此是豪雄。

第六十章
大道遍行　天下太平

治大国，若烹小鲜。

以道莅天下，其鬼不神；非其鬼不神，其神不伤人；非其神不伤人，圣人亦不伤人。夫两不相伤，故德交归焉。

妙解

治大国就像烹小鱼。烹小鱼若常翻动，小鱼就会碎掉。治大国若常朝令夕改，易失信于天下，而让国家混乱。

用道来教化天下百姓，对于道的认知全面普及开来，社会就会到处充满祥和之气。所以那些鬼不会作怪，不但鬼不会作怪，那些神灵也不会伤人。不但各路神仙不会伤人，圣人也不会伤人。

道的精神特征就是超越所有二元对立，平等普爱一切。当世人研习道而明白生命实相后，就会了悟我们都是命运共同体，所以双方不会互相伤害，而能和平和谐、共存共荣。大家都会用崇高的品德来互相对待。

━━━━ ◈ 导　读 ◈ ━━━━

本章谈治理国家的态度与方法。

老子以"治大国若烹小鲜"的精妙比喻提示为政者，治理大国和烹煮小鱼一样，要心神笃定，清静无为。慈悲祥和之气使一切外部力量（鬼神）都不会为害百姓。反之，如果政令繁苛，朝令夕改，百姓就会不堪其扰，天下就会灾祸不断。

习近平总书记在讲话中多次引用老子的这句话，说明治国"要有'治大国若烹小鲜'的态度，丝毫不敢懈怠，丝毫不敢马虎"。

智慧分享

"上海精神"是我们共同的财富，上海合作组织是我们共同的家园。我们要继续在"上海精神"指引下，同舟共济，精诚合作，齐心协力构建上海合作组织命运共同体，推动建设新型国际关系，携手迈向持久和平、普遍安全、共同繁荣、开放包容、清洁美丽的世界。

（2018年6月10日新华社《每日电讯》）

第六十一章
大国处下天下归

大国者下流，天下之交。天下之牝（pìn），牝常以静胜牡，以静为下。

故大国以下小国，则取小国；小国以下大国，则取大国。

故或下以取，或下而取。大国不过欲兼畜人，小国不过欲入事人。夫两者各得所欲，大者宜为下。

妙解

长江黄河下游的水域面积、水流量都比上游、中游大很多倍，因位置低下。

大国如能有谦下包容之德，则四面八方的人才、资源都会汇归过来。

天下的雌性、母性，表面看，虽然不像雄性那样阳刚有力，但雌性却常以阴柔来克阳刚，以静制动、胜躁。

所以大国若能谦虚处下善待小国，则能赢得小国的好感，各小国就喜欢靠近。小国若能谦虚处下尊敬大国，必能获得大国的信任和友善对待。

大国谦虚处下，就能让四面八方来加盟，以泱泱大国的胸襟包容并蓄天下各国。小国谦虚处下，是让大国感受到友善而互相尊重。

大国不侵犯小国、小国不冒犯，彼此建立在诚信基础上，和平共存共荣，各得所欲。

大国要有谦虚处下的风范，才能得到四面八方的拥护。大国若展现强势霸道、侵略凌辱，则离衰亡不远。

导 读

本章写大国与小国的相处之道。

无论大国对待小国，还是小国对待大国，都要秉持谦虚处下的态度。只有这样，双方才能和平合作，开放包容，互学互鉴，互利共赢。

智慧分享

承德避暑山庄正殿内悬康熙御笔：淡泊诚敬。"敬"的丰富精神内涵，不仅是帝王的追求，也是常人的美德。"敬"是一种坦荡无私的涵养，是一种诚意谦逊的品格，是一种柔和含蓄的态度，是一种通达宽广的胸襟，是一种纯净质朴的爱，是一种人格升华的美。

如果待人则敬师敬友，做事则敬业敬学，你就会人际和谐，欣然乐群，心情和畅，神态怡然。"敬"可以打开你的心灵之窗，让心田洒满阳光，温暖融融；让胸襟博大磊落，坦坦荡荡；让精神的家园为幸福的雨露所滋润，心泰神安。这样一来，自然可以在享受中学习，在愉悦中进取了。

第六十二章
大道至尊　普爱生命

　　道者，万物之奥。善人之宝，不善人之所保。

　　美言可以市尊，美行可以加人。人之不善，何弃之有？故立天子，置三公，虽有拱璧以先驷马，不如坐进此道。

　　古之所以贵此道者何？不曰：求以得，有罪以免邪？故为天下贵。

妙解

道为一切生灵、万物之主、总源头。

道是所有善人生命中最珍贵的珍宝。就算不善之人，天地父母（道）还是会加以慈悲爱护和保护。

有道、明道之人，自然流露出充满智慧的言语，世人明白后，自然尊敬之。有道之人的德行，对世人都有加分的作用。

有道之人，其心量如同道一样，无所不包、无所不容。所以就算不善良的人，仍然包容之，不抛弃任何人。

所以，即便高官厚位、荣华富贵加身，享受君王高规格礼遇，车马华贵，也不如选择"道"这一良骑吉乘。

古代圣贤特别重视珍惜这个道，为什么呢？就是因为，只要发心纯正、诚心向道祈求，就会有求必应；如有犯错、有罪过，天地父母会宽恕、原谅我们，让我们能重新来过。

道无所不包、无所不容，慈悲大爱善待一切，故为天下至尊至贵。

注释

市尊：赢得尊重。

加人：率身垂范。

置三公：设置辅佐天子的重臣。

拱璧，驷马：珍贵的贡品。

─────── ⟨ **导　读** ⟩ ───────

本章说明道的至尊地位。

世间万事万物都不能离开道而存在，它是"善人"的宝贝，又是"不善人"的庇荫。对天子王公来说也一样，即使价值连城的拱璧，也丝毫无法与道相提并论。

智慧分享

古代有个"楚弓楚得"的典故，说的是春秋时候，楚王外出打猎。有一次，当他发现猎物准备去射杀时，腰间那制作精美的雕弓却已不知去向。随从建议回头去找，楚王阻止说："止！楚人遗弓，楚人得之，又何求焉？"——不要去找了！楚国人丢了弓，又让楚国人拾到，还找它干什么？

孔子听说此事后，说了句"去其楚可矣"——一个人丢了弓，另一个人拾到了弓，为什么非得楚国人呢？

老子听到孔子的评价后，说了句"去其人而可矣"——这把弓来自天地，如今又回到了天地，非得人拾到它干什么！

提起"楚弓楚得"的故事，人们评价道：说"楚弓楚得"的楚王是大我风范，说"人弓人得"的孔子是沧海胸襟，说"道弓道得"的老子是天地境界。

第六十三章
以德报怨　和谐共存

为无为，事无事，味无味。

大小多少，报怨以德。图难于其易，为大于其细。天下难事，必作于易；天下大事，必作于细。是以圣人终不为大，故能成其大。

夫轻诺必寡信。多易必多难。是以圣人犹难之，故终无难矣。

妙解

做"无为"的事，顺应现实，寻求应对之策。不为私心私欲搅扰，做有益于社会的事。在平淡无奇的日子里，品味生命的本味和意义。

无论大小多少，以德报怨，化解矛盾纷争，使之最终以益人益己的方式平息。

困难的事情，要从容易着手的角度做起。要做大事，必须从眼前细小之事着手。

要处理天下难事，必须从容易着手又能见效的角度做起。要完成天下大事，也必须从眼前细小之事着手。

所以有道圣人不会好高骛远，不会狂傲自大。而是脚踏实地，一步一个脚印地把眼前的事情处理好。因为实实在在，根基稳固，故而终能成就大事。

那些喜欢说大话、轻易承诺的人，往往是不守信用的人。那些凡事不在乎、吊儿郎当的人，其人生之路必然会越走越艰难。

所以有道的圣人，用心善待每个当下，注重每个过程，用智慧处理好眼前的事情，所以其人生无牵挂、无难事。

⤛ **导 读** ⤜

本章处处是为人处世乃至立国兴邦的金玉良言。如"报怨以德""天下难事，必作于易；天下大事，必作于细""轻诺必寡信"等。

"管鲍之交"的故事至今传为美谈。

春秋时的鲍叔牙与管仲是好友，两人共事时，管仲经常耍弄心机、贪占便宜，但是鲍叔牙不但从不计较，而且抱怨以德，在生死关头向齐桓公进谏，使管仲免得一死，受封宰相，最终辅佐齐桓公成就霸业。

"为无为，事无事，味无味"几句意蕴很深。"为"，是为了"不为"，可以联想到生活中的方方面面，如：吃苦，是为了不再吃苦；辛劳，是为了不再辛劳等等。

智慧分享

第二次世界大战中，中国从战火中拯救并收养了侵略者至少4000多名遗孤，并历尽艰辛把他们抚养大送回日本。

日本投降后，214万战俘被毫发无损地送回日本。

1017名日本战犯一个不杀，全部遣返。

1972年中日建交，中国政府出于中日两国人民世代友好的善良愿望，尽弃前嫌，主动放弃了日本的战争赔款。

这一件件的"报怨以德"，在人类历史上亘古未有，简直到了仁至义尽的地步。这些事情发生在老子的故乡，体现了中国人民的慈悲善良以及一个泱泱大国的宽容大度和海量胸襟。

第六十四章
大处着眼　小处着手

其安易持，其未兆易谋，其脆易泮（pàn），其微易散，为之于未有，治之于未乱。

合抱之木，生于毫末；九层之台，起于累土；千里之行，始于足下。

为者败之，执者失之。是以圣人无为故无败，无执故无失。

民之从事，常于几（jī）成而败之。慎终如始，则无败事。

是以圣人欲不欲，不贵难得之货；学不学，复众人之所过。以辅万物之自然，而不敢为。

妙解

人若处在安心的状态下，就容易保持健康。在疾病出现明显征兆之前，容易处理。在病毒还很脆弱之际，容易去瓦解它。在肿瘤还微小之际，容易化解掉。上医治未病。平时注意养生，才是真正的保健之道。如有疾病，越早化解越好。小至个人为人处事、健康养生，大至治理国家，皆同此理。

树干大到要几人合抱的大树，也是从小树苗开始长成。九层宝塔也是从一砖一瓦累积而成。要完成千里之行的重大功业，也是要从眼前一步一脚印，脚踏实地地去践行。做人要实实在在，不要好高骛远。说一丈，不如行一尺。

用自我的傲慢去妄作非为，必招失败；固守成见，不知客观对待，反而会失去更多。

有智慧的圣人，不会凭私心妄为，所以不会失败。不会执拗不化，反而不会失去什么。

一般人做事，常常在接近成功时，因缺乏恒心而失败。如果选定一项很有意义又很有兴趣的事情，有恒心、有毅力地坚持下去，必然会导向成功。

慎终如始，即考虑到行事目的和后果对自己的意义和价值，不去任性妄为，所以既实现自我，又较少遗憾。

所以圣人以戒除贪欲为自己的欲念，不去追慕难得稀有之货，行事做人不突兀自己，让自己像普通人一样平凡无奇，不妄为而顺应天下、人性之自然。

注释

泮：分解。

复：挽救，纠正。

过：过失。

◈ 导　读 ◈

本章讲成就事情的关键所在。

老子先用一连串比喻说明防患未然的重要：安定的情势，容易持守；未显征兆的事情，容易谋划；脆弱的东西，容易分解；细微的东西，容易散失。接着讲事物由小到大、聚少成多的普遍规律；最后讲善始善终的重要。

本章有许多至理名言，如"合抱之木，生于毫末；九层之台，起于累土；千里之行，始于足下""慎终如始，则无败事"等等，都充满了人生智慧，而且非常实用。

智慧分享

"万里长城万里长"。如果把自古以来各个时代修筑的长城加起来，总长度超过了5万公里；如果把修建长城的砖石土方筑一道1米厚、5米高的大墙，这道墙可以环绕地球一周有余。

长城的主体工程是绵延万里的高大城墙，大都建在山岭最高处，沿着山脊把蜿蜒无尽的山势勾画出清晰的轮廓，塑造出奔腾飞跃、气势磅礴的巨龙。万里长城是中华民族古老文化的丰碑和智慧结晶，是中华民族血脉相承和民族精神的象征。

第六十五章
民心纯朴社会安

古之善为道者，非以明民，将以愚之。

民之难治，以其智多。故以智治国，国之贼；不以智治国，国之福。

知此两者亦稽（jī）式。常知稽式，是谓玄德。玄德深矣远矣，与物反矣！然后乃至大顺。

妙解

古代那些有道的明君，他们教化百姓主要不是让百姓学很多知识、技巧，而变得很精明。施政大略是让百姓回归纯朴憨厚。

百姓之所以难治，是因为学了很多知识、技巧，变成世智辩聪、勾心斗角、耍弄权谋。

君王若以世智辩聪、机巧诡诈的智谋来治国，将会伤害国家。百姓也会失去淳朴而导致世风日下。君王若用良心、德行、诚信来治国，会造福整个国家。

"以智治国"将导致社会混乱；"不以智治国"将导致和谐兴旺。这是国家混乱或和谐的因素及法则。

为政者若了悟社会混乱之因与和谐之道，自然就会用道来化民。用道来化民就会积下玄妙之德。从道、从美德出发所积的阴德太深奥、太玄妙了。

此种思维引领的方向与世俗的认知和趋向是相反的。虽然与世人认知相反，但这才是真正的顺天之道而为。

以道化天下，民风纯朴憨厚，社会才会真正和谐。民心祥和，自然风调雨顺、国泰民安，乃至天下大顺。

注释

明：精明善巧。

愚：敦厚老实。

智：世智辩聪。

贼：祸害。

稽式：法则。

❖ 导　读 ❖

　　本章是给为政者的提醒，是老子无为而治思想的体现。

　　老子认为，为政在于真朴。民众抛弃智巧，返归纯真质朴的状态，国家才容易治理。

智慧分享

　　（当代人的）脑子被有意义无意义的、片段的、残碎的信息塞得非常满，非常脏，如同当代人的肠胃。美国一个杂志有一个统计，说当代人脑子每天处理的信息比莎士比亚时代的人要多一千多倍。这就难怪再也出不了莎士比亚了。

　　步履匆匆，行色仓皇，每一双眼睛后面，都是一个塞了比莎士比亚多一千多倍信息的脑子……奇怪呀，他们急什么呢？愁什么呢……

　　　　　　　　　　　——美籍华人作家严歌苓《打坐》

第六十六章
江海处下百川汇

江海所以能为百谷王者，以其善下之，故能为百谷王。

是以圣人欲上民，必以言下之；欲先民，必以身后之。是以圣人处上而民不重（zhòng），处前而民不害。是以天下乐推而不厌。以其不争，故天下莫能与之争。

妙解

　　为什么百谷千川的水都会汇集入长江、大海呢？因为长江大海都是处在低下的位置，所以能成为百谷千川之王。

　　有道的圣人，以大自然为师，体悟出打开心量、包容、柔软、处下的人生奥妙哲学。

　　所以若想要教化百姓，言语行为都要虚心处下；若要引领百姓，必须学到处后，做垫脚石来成就大家。

　　所以有道的圣人，虽居至尊上位，百姓不会感到威权压力。处在前方、引领百姓端正风气，人民不会受到伤害。所以天下百姓都乐意推崇拥护有道明君来领导。

　　因为从不逞强、从不与人争，所以天下没有人能与之争。（只是好好做自己，凭良心、顺天之道而为，为而不争，如此而已。）

注释

　　上：统治。

　　下：谦和有礼。

　　先：表率，带头。

　　后：谦卑处下。

　　重：感到沉重。

　　害：损害。

　　厌：厌弃。

导　读

本章强调"不争"之德。

这里的江海既用来比喻人的处下、居后，也用来象征圣人的宽容大度。如果为人处世能做到不争，那么谁还能与之争呢？

智慧分享

诸葛亮写过一篇著名的《诫子书》，全文只有86个字，但字字珠玑，发人深省，现实录如下：

"夫君子之行，静以修身，俭以养德。非淡泊无以明志，非宁静无以致远。夫学须静也，才须学也，非学无以广才，非志无以成学。淫慢则不能励精，险躁则不能冶性。年与时驰，意与日去，遂成枯落，多不接世。悲守穷庐，将复何及？"

第六十七章
处世三宝：慈俭无争

天下皆谓我道大，似不肖。夫唯大，故似不肖；若肖，久矣其细也夫！

我有三宝，持而保之。一曰慈，二曰俭，三曰不敢为天下先。慈故能勇；俭故能广；不敢为天下先，故能成器长（zhǎng）。

今舍慈且勇，舍俭且广，舍后且先，死矣！

夫慈，以战则胜，以守则固。天将救之，以慈卫之。

妙解

天下人都说我讲的道太博大高深了，不太容易理解，不易做到。唉，就是因为道实在太伟大、太高深，所以不太容易理解。

但如果善加理解与仿效，行事就会愈加通达、圆融和周全。

我有三宝，一直用来作为人生的座右铭：一是慈悲；二是节俭；三是不敢为天下先。

慈善大爱、心中无敌人，故能勇往直前。

节俭惜福，资源自然充沛，所以能广利天下民生。

不与人争、不与人抢，做自己生命的主人，按照自己的步伐走，才会有与众不同的成就。与人争强斗胜，反而空耗更多的生命能量与资源，也会树立很多敌人。

看看现今的世界民心如何？

舍掉慈善大爱，一直强调争强斗胜的表面之勇。

舍掉勤俭美德，不断鼓吹奢侈、浮华、浪费。

舍掉谦虚处下，一直强调要争先居上。

世风日下，民心凶狠，争斗、奢侈，社会如何祥和？世界如何和平？人类不觉醒，再争斗、对立、奢侈、浪费下去，后果如何？——死矣！

推广"慈善大爱"的风气，能让民心祥和、社会安定。要化解恐怖主义，化解国际冲突对立，最有效的上策——慈善大爱。

人若慈善大爱善待一切，广结善缘，有一天若有灾难发生，各方都会伸出援手支援。

本章提出的"三宝",可谓人生的处世准则。

一个人如果能够心怀慈悲,节俭内敛,无私无争,就可以慈悲大爱之心利益众生,自己的人生也会风调雨顺,福慧双增。

反之,如果背离处世"三宝",就"死定"了。

智慧分享

在《瓦尔登湖》中,梭罗曾用诗一样的语言写道:"我并不比一朵毛蕊花或牧场上的一朵蒲公英寂寞,我不比一张豆叶,一枝酢酱草,或一只马蝇,或一只大黄蜂更孤独。我不比密尔溪,或一只风信鸡,或北极星,或南风更寂寞,我不比四月的雨或正月的融雪,或新屋中的第一只蜘蛛更孤独。"

梭罗的寂寞不是保守,不是退隐,不是防空洞,不是与世隔绝,不是酸腐诗文。在梭罗心里,寂寞是放松,是轻松,是脱离复杂而廉价人际关系的深思,是心与心默契而惬意的对话,是走出地平线之外的远游。

第六十八章
以德服人配天地

善为士者不武，善战者不怒，善胜敌者不与，善用人者为之下。

是谓不争之德，是谓用人之力，是谓配天古之极。

妙解

善于带兵打仗的将帅，不会逞其勇武。善于作战的人，有其稳重的特质，不会轻易动怒。善胜敌人的人，不会与对方争，也不会与其正面交锋。善于用人的人，会处下来成就其下属。

以上都是在呈现"不争"的德行。

这就是能让很多人才甘心为其所用的伟大力量。

能做到"不争""处下来成就众生"，此种德行与天地之德相匹配，堪称"德配天地"。

注释

用人之力：借力。

极：极则，道。

◈ 导 读 ◈

本章以战争为例来说明"不争"和"居下"的道理。

在日常生活中也一样,如果逞强动怒,争强好胜,轻视别人,不仅会伤到别人,也会伤到自己,甚至危害到集体和国家。反之,如果达到无我无私、谦恭处下的境界,就会与道合一,德配天地。

智慧分享

王阳明说:"凡人智能相去不甚远,胜负之决不待卜诸临阵,只在此心动与不动间。"他一生都奉行"心不动"的人生哲学。青年时两次参加会试不第,他的态度是:"世以不得第为耻,吾以不得第动心为耻。"以不动应万变,本来无一物,何处惹尘埃,不丧失信心,不放弃学习,后来终获成功。

龙场悟道后,他深知"气浮者,其志不确;心粗者,其造不深;外夸者,其中日陋"。再次回朝效命时,无论是平定众寡悬殊、毫无胜算的宁王叛乱,还是进山剿灭为害甚巨的流窜匪乱,王阳明都奉行心无旁骛、专心致志的"心不动"原则,结果便无往而不胜。

第六十九章
保卫和平是军人的使命

用兵有言：吾不敢为主而为客，不敢进寸而退尺。是谓行（xíng）无行（háng），攘无臂，执无兵，扔无敌。

祸莫大于轻敌；轻敌几丧吾宝。

故抗兵相加，哀者胜矣。

妙解

用兵的军事专家有言："我们不可以主动挑起战端，不可主动攻击；要被动，是不得已才应战。不可得寸进尺、贪得无厌；要谨慎、要退让。"

军人的神圣使命，不是上战场杀敌，而是尽最大的可能避免战争……不必出兵、不必交战、不必动用武器、没有敌对。能不战而达成世界和平，大家共存共荣，这才是军人的神圣使命。

灾祸莫大于傲慢、自恃己强而轻视对方，或轻易挑起战端。轻敌、挑衅、好战的人，几乎丧尽优势。

当两军正面冲突，主动挑衅的骄兵必败；被侵害、被迫迎战的哀兵必胜。主动挑衅兴兵的，必引起国际公愤；被侵害、被迫迎战的，全国上下同仇敌忾，也会得到国际支援，其力无穷。

导 读

本章是老子的战争观。

老子身处战争频仍的年代，看到了战争给万物和自然造成的巨大灾难（"师之所处，荆棘生焉；大军之后，必有凶年。"——第三十章）。

老子的本意是希望没有战争，但现实又告诉老子，战争又实在难以避免。面对入侵之敌，如果不想坐以待毙，在不得已的情况下，只好被迫应战。老子提出的"轻敌者败""哀兵必胜"，可谓千古名言。

本章"行无行，攘无臂，执无兵，扔无敌"几句话比较难理解，两千多年来，诸多《道德经》注释版本众多，众说纷纭。我的理解是："行""攘""执""扔"是被迫应战时的外显行为，而"无行""无臂""无兵""无敌"则是交战时不主动出兵的内在心态（"为客不为主""退尺不进寸"）。按照这一理解，"行无行，攘无臂，执无兵，扔无敌"可翻译为：被迫列阵，但心中并无战阵；被迫奋臂，但心中并未奋臂；被迫手握兵器，但心中并无兵器；被迫擒拿敌人，但心中并无敌人。

对于这四句话，还可以从"为无为，事无事，味无味"（第六十三章）的角度去理解，即"打仗是为了不再打仗"。

智慧分享

　　本章"行无行，攘无臂，执无兵，扔无敌"几句话比较难理解，两千多年来，诸多《道德经》版本众说纷纭。我的理解是："行""攘""执""扔"是被迫应战时的外显行为，而"无行""无臂""无兵""无敌"则是交战时不主动出兵的内在心态（"为客不为主""退尺不进寸"）。按照这一理解，"行无行，攘无臂，执无兵，扔无敌"可翻译为：被迫列阵，但心中并无战阵；被迫奋臂，但心中并未奋臂；被迫手握兵器，但心中并无兵器；被迫擒拿敌人，但心中并无敌人。

　　对于这四句话，还可以从"为无为，事无事，味无味"（第六十三章）的角度去理解，即"打仗是为了不再打仗"。

第七十章
自古圣贤多寂寞

吾言甚易知，甚易行；天下莫能知，莫能行。

言有宗，事有君。夫唯无知，是以不我知。

知我者希，则我者贵。是以圣人被（pī）褐（hè）怀玉。

妙解

我所倡导的"柔软、谦虚、处下、不争"的美德，本来就没什么玄秘，很容易明白，很容易践行。但世人思想太复杂了，习惯不断朝向强化自我，所以一般人反而不太容易明白我所讲内容的深意，也觉得不易做到。

我所说的都有根据，以大道为依归，所说的都是宇宙的真理实相。如能明白宇宙的运转法则，顺天之道而为，必得幸福快乐。

但世人对于道是什么，对于宇宙律及生命实相知之甚少，所以不解其义。

在这世间能了解我的人很少，能效法实践的人更是稀有珍贵。

所以古今有道的圣人，往往是玉藏石中，不轻易显露。

注释

宗：主旨。

君：根据。

导 读

本章表达上近乎口语化，如同和老友促膝而谈。

老子觉得自己的话本来很好理解，也容易实行，但就是没有人来理解，也没有人实行。对此，老子心中感慨不已。

在短短四十多字中，老子直言不讳，快言快语，将自己的一腔遗憾倾吐而出，让人如闻其声，如见其面。

智慧分享

庄子的《外篇·达生》有个"痀偻承蜩"的故事，说的是孔子去楚国游历，走到一片树林中，看见一个弯腰驼背的老人正在用竹竿去树梢上粘知了。眼见风儿在吹，树梢在动，知了在爬，但老人把竹竿轻轻往上一举，就粘下一个知了，百发百中，从不失手。孔子大感奇怪，便深施一躬，向驼背老人请教。老人说：自己捕蝉时，天地与万物都不存在了，心里只有蝉的翅膀，这样便达到了万无一失、出神入化的境界。

这个故事告诉人们做事时专心致志、心无旁骛，才能有所成就。

第七十一章
知道"不知道"是为真知道

知不知，上；不知知，病。圣人不病，以其病病。夫唯病病，是以不病。

妙解

人很难事事亲见，所以行事大多靠推测推理。当对于没有事实依据的事，知道自己的推测仅仅是推测，不一定是事实，就是英明的处事态度；明明不知道，非认定自己知道，就是思考虚妄的病态。圣人之所以不生此病，因为其将此错误的思维态度看作病。恰因如此，他们才不会得病。

◈ 导 读 ◈

本章只有24字，是八十一章中最短的章节，但却讲了一个重要的道理——人贵有自知之明，不要傲慢自大、轻下论断。

老子以极为精简的语言，通过对比，告诫世人：知道自己有所不知，最好；明明不知道却装作知道，这是毛病。有道的人没有此种毛病，是因为他明了"傲慢自大、轻率处事"是最大的毛病。

智慧分享

"静"是心灵的宁静，是物我俱静，是心平气和，是心泰神安。当静下心来时，你便宛若一个洗衣妇，不过你洗涤的不是衣服，而是你的思想。宁静可以沉淀出生活中许多纷繁的浮躁，滤出浅薄、粗率等人生杂质，可以避免许多轻率、鲁莽的事情发生。宁静是一种气质、一种修养、一曲悠扬的古乐、一种充满内涵的久远。它可以使你头脑冷静，心境安谧，思维积极，举止从容。

第七十二章
民不畏威　则大威至

民不畏威，则大威至。

无狎（xiá）其所居，无厌其所生。夫唯不厌，是以不厌。

是以圣人自知不自见，自爱不自贵。故去彼取此。

妙解

专制高压统治只能短暂有效，如不及时调整改善，有一天百姓不再畏惧高压威权统治的时候，政局就有大危险了。

君王施政，不要夹杀百姓的生活空间，不要压榨百姓生活的资粮。只要不高压统治、不压榨百姓，人民就不会厌恶。如施行仁政爱民，自然深得民心。

所以有道的圣人，有自知之明，但不会喜爱自我展现；爱护自己，但不会自以为尊贵。

统治者如自以为尊贵，又爱凸显自我的重要，就会实行高压统治而失去民心；如实行仁政爱民、不扰民，则能深得民心。

所以有智慧的君王，自然明白如何取舍。

注释

威：前一个是威压，后一个是祸端。

狎：压迫人民的生存。

夫唯不厌，是以不厌：厌，前一个同"压"，阻断百姓生路；后一个解为"讨厌"。

导　读

本章的重点是反对高压政策，提倡仁政爱民。

老子说："民不畏威，则大威至。"孔子从另一个角度说过"苛政猛于虎"。道家和儒家治政的原理及方法虽有所不同，但对暴政的深恶痛绝，却是完全一样的。

智慧分享

《庄子·外物》讲了这样一个故事。

庄周家境贫寒，所以就找监河侯去借粮。监河侯说："好，我将要得到封地的租金，那时我借给你三百金，可以吗？"庄周生气变了脸色，说："我昨天来的时候，听到有人在道路中间呼喊。我回头看，发现车辙里有条鲋鱼在那儿。我问它：'鲋鱼！你是什么人？'鲋鱼回答说：'我是海神的臣子，您能否有一点水来救活我？'我说：'好，我将往南去拜访吴王和越王，引来西江的水救你，怎么样？'鲋鱼生气变了脸色，说：'我失去了我常身处其中的水，没有地方安身，我只要一点水就能活了，你竟然这样说，还不如早点到卖干鱼的店里去找我！'"

第七十三章
逞凶斗狠早夭折

　　勇于敢则杀，勇于不敢则活。此两者，或利或害。天之所恶，孰知其故？是以圣人犹难之。

　　天之道，不争而善胜，不言而善应，不召而自来，繟（chǎn）然而善谋。天网恢恢，疏而不失。

妙解

凡是勇于肆意妄为、争强好胜、逞凶斗狠的人，容易跌入凶兆，不得正命而死。凡是勇于放下自我，不与人争强斗狠，而能展现谦虚、柔软、处下、利他的人，反而能活出幸福快乐的人生，活出生命真味。

同样是"勇敢"，一个是招来灾祸，一个是获得长远利益。此种极为奥妙的宇宙因果律，很少人能参透。其中奥妙不是用"$5+2=7$，$5-2=3$"的逻辑观所能理解。圣人仍觉宇宙因果律实在太奥妙了：逞凶斗狠、争强好胜、怕吃亏的人，反易招来灾祸；谦虚、柔软、乐于奉献付出的人，反而人生大丰收。（人生妙数学：$5+2=3$，$5-2=7$，$5-5=\infty$，圣人尚且难参透此中之妙。）

道所呈现的大自然的规律：道不会与万物争，但一切万有，无一能赢过道。天之道，没什么言说，但诚心正意求之，有求必应。天之道，如同太阳，不必召唤，自然送来光明与能量。大自然，看起来不疾不徐，但却能成就一切。

宇宙的运转法则、宇宙的因果律如同一张极广大的天网，孔目硕大，看起来好像不存在；但一切万有、任何星系，无不依道的运转法则运行。

注释

敢：刚强。

不敢：恭谨。

繟然：行动迟缓的样子。

"天网恢恢，疏而不失"是尽人皆知的名句。

对这句话，人们通常理解为"苍天有眼，不要做坏事，否则就会遭到天谴"，然而这并非老子的本意。老子的本意是，天道如一张广阔无边的大网，但不会有一点漏失；它不仅明了人间善恶，让好心人得到好报，坏人自承因果，而且，小到人间万象，大到宇宙星系，无不笼罩在恢恢天网中。其兴衰荣辱，都离不开天网的运转法则。

可见，"天网恢恢，疏而不失"描绘的是宇宙的运转法则和因果律。

智慧分享

有这样一则佛教故事：

精通印度哲学而又能言善辩所向无敌的大学者舍利子率5000门徒面见佛陀，想在辩论中挫败佛陀。当他站在佛陀面前时，佛陀笑了。佛陀告诉他：舍利子，你懂得很多，但是你根本不懂；你积累了很多知识，但你是空的。如果你能保持沉默一年，那么你就可以跟我讨论。因为我要跟你说的将来自宁静。依我看，舍利子，你甚至还没有尝到一个片刻的宁静。你是那么充满知识，可你的头是沉重的……

为了达到和佛陀辩论的目的，舍利子答应了佛陀的条件。然而一年后，当舍利子静下来的时候，佛陀已经不是他眼中的论敌，而是无上的智者，最终，舍利子成了佛陀最伟大的弟子。

第七十四章
严刑峻法只治标

民不畏死，奈何以死惧之？若使民常畏死，而为奇者，吾得执而杀之，孰敢？

常有司杀者杀，夫代司杀者杀，是谓代大匠斫（zhuó）。夫代大匠斫者，希有不伤其手矣。

妙解

一般人会贪生怕死，但遇到生命财产被威胁的时候，百姓就会不怕死，以生命来捍卫。奈何统治者常以"严刑峻法"来恫吓百姓。

假使百姓真的贪生怕死，抓几位犯法的人来斩首示众，从此就应该没人敢犯法了。但实际上并非如此。严刑峻法只能治标；用道来教化才能治本。

大自然本身就会透过"相生相克"的原理来维持动态的平衡。大自然自有其因果律在运作。但却有不少人界定自己为正人君子、正义之师，大张旗鼓要替天行道。

从二元对立的观念，用自我小我要去替天行道的人，也容易被对方报复伤害。对方会认为自己是受害者，而起来拼死抵抗。

注释

奇者：邪者，做坏事的人。

司杀者：指掌管天地万物生杀大权的天道。

代司杀者：指代替天道滥用生杀大权的人。

斫：砍。

大匠：喻天道。

◅ 导 读 ▻

本章是对暴政杀人、滥施伤害的警示。

本来，万物的生生死死是由"司杀者"（天道）掌管的，不需要人来代"司杀者"去杀戮。滥用生杀大权完全违背自然法则。况且，代"司杀者"滥施伤害的时候，自己也会受到伤害。

智慧分享

德国的大哲学家尼采曾自诩为太阳，光热无穷，能量无限。

一个偶然的机会，尼采读到了《老子》，于是带着高山仰止般的崇敬，写下了这样几句话：

"《老子》像一眼永不枯竭的井泉，满贮宝藏，放下汲桶，唾手可得。"

（1997年10月版《世界名人看中国》）

第七十五章
苛政猛于虎

民之饥，以其上食税之多，是以饥。

民之难治，以其上之有为，是以难治。

民之轻死，以其上求生之厚，是以轻死。

夫唯无以生为者，是贤于贵生。

妙解

百姓为什么忍饥挨饿？因为执政者征税太重、劳役太多，所以百姓受饥饿。

百姓之所以会成为刁民难治，是因为官府用烦苛政令、强作妄为，把百姓训练成人心不纯，所以难治。

百姓为何会用生命来抵抗？因为官衙贪污、搜刮民脂民膏来挥霍，所以百姓会用生命来抵抗贪官污吏。

在上位的君王，如能清廉执政，不贪污、不贪图个人享受、护民、爱民，必深得民心。受百姓拥护爱戴，这才是最好的善待生命之道。

注释

无以生为：不贵生。

贤：优。

贵生：厚养生命，重视生命。

导 读

老子分析了社会矛盾的主要根源，并提出了解决的方法。

老子认为，统治者不要厚敛奢侈，胡作非为。如果达到恬淡寡欲、政清风廉，天下自然会风清气正，祥和太平。

智慧分享

郑板桥写过一首《墨竹图题诗》，诗中写道：自己在书斋躺着休息，听见风吹竹叶发出萧萧之声，立即联想到百姓啼饥号寒的怨声。我们虽然只是些小小的州县官吏，但是老百姓的每一件小事都牵动着我们这些爱民小吏的感情。

这首题画诗，由风吹竹摇之声而联想到百姓的疾苦，寄予了作者对老百姓命运的深切关注和同情。作为一个封建时代的官吏，这实在难能可贵。古往今来，不少有作为的官吏都是关心民生疾苦的，郑板桥这首《墨竹图题诗》就是例证。

墨竹图题诗

郑板桥

衙斋卧听萧萧竹，疑是民间疾苦声。

些小吾曹州县吏，一枝一叶总关情。

第七十六章
刚 强 易 败 柔 软 易 成

　　人之生也柔弱，其死也坚强。万物草木之生也柔脆，其死也枯槁。

　　故坚强者，死之徒；柔弱者，生之徒。

　　是以兵强则不胜，木强则折，强大处下，柔弱处上。

妙解

　　我们的肉体，当生命存在的时候就会呈现柔软；当死亡的时候，就会呈现僵硬。

　　万物草木也是一样，有生命的时候自然呈现柔软，死亡的时候就呈现干枯僵硬。

　　所以心态僵化、傲慢、强悍又不知变通的人，其人不能顺应事态，也易命运多舛。

　　身心呈现柔软、能虚心学习与服务利他的人，其生命会活得喜悦，活出生命意义。

　　所以喜好展现兵强马壮、自恃、傲慢的，通常骄兵易败。

　　树木刚强，不是易被砍伐，就是易被强风吹断。

　　自恃己强、傲慢、气势凌人的人，只能赢得一时，终必失败。

　　呈现柔软处下、为众生服务的人，看似傻乎乎，但这种人反而容易有成就。

　　本章讲身心柔软的重要。

　　《道德经》中，"柔弱胜刚强"是一个重要的观点，在以往各章中多次论及。

　　本章的特色在于，老子以"人""万物""草木"等常见的事物与现象为喻，深入浅出地说明了贵柔处弱的重要。

智慧分享

　　一个水墨画家，如果把墨汁涂满画纸而不留出一点儿空白，那你将不会看到小鸟俏立枝头，也看不到梅花迎风绽放，而只能看到一块黑板；一个农民，如果不给庄稼留一点空隙，就不能通风透光，也就不能有所收获。同理，人也必须给自己的生活留出"空白"，因为作为血肉之躯的人是很容易疲劳的。

　　岂止是人，世界上万事万物都会疲劳，但它们比人更懂得调节。你应该看看大自然是怎样应对疲劳的——春天花开得疲倦的时候，她就悄悄离开枝头，放弃美丽，留下小小的果实；当海面疲倦时，洋面就丝绸般的安宁了；当天空疲倦时，就用月亮代替了太阳……

第七十七章
万物相生相克　维持动态平衡

天之道，其犹张弓与？高者抑之，下者举之；有余者损之，不足者补之。

天之道，损有余而补不足；人之道，则不然，损不足以奉有余。

孰能有余以奉天下？唯有道者。

是以圣人为而不恃，功成而不处，其不欲见贤。

223

妙解

　　大自然的运转法则：万物透过"相生相克"以维持生态平衡。

　　天地的运转法则，其理如同张弓射箭：举得太高了，就要向下调降；如举得太低了，就要向上抬举。弓弦如绷得太紧，就要放松一些；如拉得太松，就要调紧一些。

　　天地的运转法则：损掉那些有余、太盛的部分，以补增那些虚弱不足的。

　　世俗人则不然，往往喜欢欺压弱小，搜刮民膏民脂，以奉承那些权贵，喜欢锦上添花。

　　谁才能自觉很富有，花费多余的物资与时间，为天下人服务、奉献、付出？唯有学道、悟道、明道、与天地合一之人。

　　所以有道的圣人自然流露出道的特征特性：做了很多利益众生之事，也不会有傲慢之心；为民为国立了功，也不居功；更不会炫耀自己多么厉害、多么高尚。

注释

　　见：通"现"，炫耀。

─────────── ❧ 导 读 ❧ ───────────

　　本章以张弓射箭为喻，引出"天之道"与"人之道"的对比，以此告诉人们，"人道"要效法"天道"，做到"损有余补不足"，感恩知足、默默反馈世间。

智慧分享

　　战国时，赵襄主向王子期学习驾车技术，没多久就要跟王子期比赛。赛时，他三次改换马匹而三次都落在王子期后边。赵襄主很不高兴，说："你教我驾车的技术，一定留着一手，没有完全教给我。"王子期回答道："我已经把技术全都教给您了，只是您在使用的时候有毛病。不管驾驶什么车辆，最最重要的是，马套上辕，要跟车辆配合稳妥；人赶着马，注意力要放在人的指引与马的奔跑相协调上，然后，才可以加快速度，跑得很远。现在，你在我后面，一心只想追上我；你在我前面，又怕我追了上来。其实，驾驭马匹长途竞争，不是跑在前面，便是落在后面。而你无论在前在后，注意力完全在对手身上，被'外境'牵着走，患得患失，进退维谷，这就是你连连败北的原因了。"

第七十八章
宇宙最伟大的力量——大爱

天下莫柔弱于水，而攻坚强者莫之能胜，以其无以易之。

弱之胜强，柔之胜刚，天下莫不知，莫能行。

是以圣人云：受国之垢（gòu），是谓社稷（jì）主；受国不祥，是谓天下王。正言若反。

妙解

天下你能看到的一切，没有比水更柔弱了。但若要攻坚强者，没有比水的力量更大的了。因没有一种物质的力量能胜过水的坚定持久。

弱能胜强、柔能克刚，这种理论天下人都知道，但却很少人能做到。因一般人习惯于强化自我，争强斗胜，不易柔软下来。

所以有智慧的圣人说：如果一个人能柔软到为国家而受国人侮辱也无所畏，此人堪当国家重责大任。如果能柔软到承受国家的苦难、祸患，也无怨言，此种人堪称为天下王。

真正合乎天地之道的言论，与一般世人的认知，好像完全相反。

注释

垢：污垢，引申为屈辱。

不祥：灾难。

导　读

本章以水为喻，说明弱能胜强、柔能克刚的道理。

经文中"正言若反"，说的是真理实相往往与一般人的理解完全相反，反映真理实相的话与一般人的认知也是大为不同。所以老子曾慨叹道："吾言甚易知，甚易行；天下莫能知，莫能行。"

智慧分享

药王孙思邈一生不恋功名，唯以仁善为务，矢志不移专研医药。公元580年，周静帝即位，封孙思邈为国子监；636年，唐太宗召他进京受封；659年，唐高宗任命他为谏议大夫。但都被他以身体抱恙为由拒绝。他清苦淡泊，百年如一日，120岁完成《千金要方》，140岁完成《千金翼方》。

第七十九章
天道无亲　常与善人

　　和大怨，必有余怨；安可以为善？

　　是以圣人执左契（qì），而不责于人。有德司契，无德司彻。

　　天道无亲，常与善人。

妙解

在恩恩怨怨的世界里，调和大的怨恨冲突，虽有些效果，但无法完全化解，仍会留下余怨。此种治标方式，怎可称为上上之策呢？

所以有道的圣人，留住借据，而不强责对方偿还。化解冲突对立，从此刻、从我做起。不是去制造冲突对立、积累怨恨，然后再设法调解。

有德的人，给予而不索取；无德的人，强调索取而不给予。

天道没有偏私、没有偏爱（平等爱护所有人类、所有种族），但常常降福于心地善良的人。

注释

和：调和，调解。

左契：契约，类似于今天的借据存根。

司：掌管。

彻：周代赋税名字。

与：帮助。

导读

本章旨在说明为人处世要抱以慈悲大爱之心。

与人相处，在于给予而不在索取，如同拿着借据存根（左契），却不要求别人偿债一样。

好心待人，在世上多结善缘，广种福田，则必然善有善报，因果不爽。

智慧分享

《战国策·齐策》中有个"冯谖客孟尝君"的故事。

齐国的孟尝君有个叫冯谖的门客，一次，孟尝君派他去为自己收租。谁料到了封地之后，冯谖当着所有佃农的面，一把火把契约烧掉，免去了所有佃农的赋税，百姓们感恩戴德，禁不住山呼万岁。几年后，孟尝君在朝中政治失意，却受到了百姓的夹道欢迎，封地成了他最安全最温馨的落脚之地。

第八十章
一村一天堂

　　小国寡民。使有什伯（bǎi）之器而不用。使民重死而不远徙。虽有舟舆，无所乘之；虽有甲兵，无所陈之。使民复结绳而用之。

　　甘其食，美其服，安其居，乐其俗。邻国相望，鸡犬之声相闻，民至老死，不相往来。

妙解

　　老子认为，理想的社会结构制度是：尽量推广"自给自足的社区"的理念，土地范围不必很大、人口不用多。也就是一个村庄或一个镇，就是一个"天堂"。

　　大道推广开来后，人心就会渐渐纯朴憨厚、善良。所以即使有武器，也不会动用。（因体悟到我们都是同根同源的兄弟姊妹，我们是生命共同体。）

　　让百姓珍爱、重视自己的生命，人人安心自在，不必到处迁徙。在村里基本民生必需品大部分都能自给自足，所以虽有舟车，也不必搭乘。虽有武器装备，也都不必陈列使用。引领百姓，回归远古以结绳记事的纯朴状态。

　　小社区很容易治理得很好，所以百姓都能吃到甘美的食物，穿着美丽的衣服，人人都有安定的居所，也有欢天喜庆的文化、民俗。

　　如能落实一村一天堂的理念，人人物质生活充沛、精神生活富足，社会自然安定祥和。所以邻村可相望，鸡鸣犬吠之声可相互听见，但因生活安定、富裕、不缺什么，所以可以达到终其一生都不必到隔壁村庄求助什么。这是零污染、零废物的生活方式。看似不切实际，但这是真正落实节能减碳，让地球常葆绿水青山、永续昌荣的优质生活方式。

━━━━━━━━━━━━◈ 导　读 ◈━━━━━━━━━━━━

　　这一章的表面文字并不难理解，但其深意却很少有人明白。尤其"邻国相望"以下四句，经常被误解为保守、落后、倒退等等，而饱受非议。

　　其实，本章描述的是一个返璞归真的世界。在这个世界中，每个人的心灵品质层次已经很高，人人安居乐业，知足感恩，内心富有，心灵祥和，达到最淳朴、纯净的状态。

　　老子强调的是心灵的净化和提升，而不是在否定社会发展和科技进步。"民至老死，不相往来"，不是要让人们心灵封闭，孤独冷漠，离群索居，和左邻右舍不相往来，而是讲人们生活富足安定，自然不需要向外四处奔波，便能自足自在，恬然自乐。

智慧分享

　　读到"甘其食，美其服，安其居，乐其俗"，2018年5月全国生态环境保护大会上国家领导人的讲话，是对"甘其食，美其服，安其居，乐其俗"的现代诠释。

　　要以空气质量明显改善为刚性要求，强化联防联控，基本消除重污染天气，还老百姓蓝天白云、繁星闪烁。要深入实施水污染防治行动计划，保障饮用水安全，基本消灭城市黑臭水体，还给老百姓清水绿岸、鱼翔浅底的景象。要全面落实土壤污染防治行动计划，突出重点区域、行业和污染物，强化土壤污染管控和修复，有效防范风险，让老百姓吃得放心、住得安心。要持续开展农村人居环境整治行动，打造美丽乡村，为老百姓留住鸟语花香田园风光。

第八十一章
分享越多　生命越富有

信言不美，美言不信。

善者不辩，辩者不善。

知（zhì）者不博，博者不知（zhì）。

圣人不积，既以为人己愈有，既以与人己愈多。

天之道，利而不害；圣人之道，为而不争。

妙解

真实的语言、逆耳忠言，听起来不华美、不悦耳。华丽的言词、悦耳之语，往往不真实。

善良的人，不会喜好争辩；喜好争辩的人，往往是不善良的人。

专门钻研某项学问的人不是学识广博之人，学识广博者多数杂而不专。

有道的圣人，没有私心，从不为己屯积名利、财富。因心灵富有，一无所缺，所以其人生都用来为社会服务。正因为不自私为己，所以社会回馈的反而越多。有道之人的财物资源愿意拿来与人分享，得到的回馈则更多。（这是很奇妙的真理，越无我无私地奉献付出，生命反而越加富有。）

天道的运转法则：无我无私、善利万物而不害。有道圣人与道相似：默默作为、利益一切众生，而且与世无争。

注释

知：通"智"。

━━━━━━━━━━━━ ❖ 导 读 ❖ ━━━━━━━━━━━━

　　本章句句都是格言，可以视为人类行为的最高准则和心灵品质的最高境界。

　　前三句在于提醒人们要信实、善良、智慧；后几句勉励人们要来到利人不争的境界，在利益众生、奉献社会的过程中，心灵会越来越富有，生命在超越个人名利的过程中得以蜕变升华。

智慧分享

　　老一辈无产阶级革命家个人生活的俭朴可谓有口皆碑。一次，毛泽东的生活管理员王振海买回一些嫩玉米笋，炊事员做好后，端给毛泽东吃。毛泽东责备道："炒这一盘菜需要多少颗玉米？要是这些玉米长熟了能打多少粮食？叫我吃这样的菜，这不是破坏生产吗？"到底玉米笋一口也没动。毛泽东逝世时只有500元的个人存款，最后还全部交了党费。周恩来从六伯父那里继承来数十件稀世文物，件件都是无价之宝，按照周恩来的交代，全部无偿捐献给了国家。周恩来逝世时，夫妻共有积蓄5709.8元，也全部交了党费。朱德也不例外。一次，警卫员给朱德打来洗脸水，朱德一看有些多了，就告诫道："洗脸水不要多放，天津市人民吃的水都得由密云水库拨给，我们可要节约用水啊！"朱德逝世时共有存款2万多元，按朱德生前嘱咐，全部交了党费。

　　老一辈革命家的心中只有国家和民族，丝毫不为个人着想。但英名却与天地同在，日月同辉。